BERLITZ
·ESSENTIAL·
FRENCH

D1311590

BERLITZ®

CONTENTS

CONTENTS

5. Prepositions
6. Possessive pronouns (le mien/la mienne, etc.)
Vocabulaire
Exercice

1. Reread
Exercices

1. Pronunciation
2. More reflexive verbs
3. Demonstrative pronouns (celui qui/celui que/celui de/celle qui, etc.)
4. Venir de + infinitif
5. On the contrary!
Vocabulaire
Exercice

1. Pronunciation
2. Future tense
3. Interrogative pronouns (lequel?/laquelle?/lesquels?/lesquelles?)
4. Since (depuis)
5. Pronouns (en)
6. Verbs (devoir)
Vocabulaire
Exercice

1. Pronunciation
2. To be hungry, thirsty, etc.
3. Avant de + infinitif, après avoir/être + participe passé
4. More future tenses
5. Quand/dès que au futur
6. The imperfect tense
7. The conditional tense
8. Phrases using "si"
9. The subjunctive
Vocabulaire
Exercice

ESSENTIAL FRENCH

INTRODUCTION

For over a century, Berlitz language courses and books have helped people learn foreign languages for business, for pleasure, for travel - and helped people improve their ability to communicate with their fellow human beings all over the world. With more than 30 million students to date, Berlitz has maintained a tradition of excellence in language instruction that goes back to the founding of the company in 1878 by Professor Maximilian Berlitz.

Professor Berlitz's great innovation in the teaching of a foreign language was to modify the old practice of teaching grammar and vocabulary by rote, concentrating instead on the dynamic application of the living language from the moment a student begins his or her study. This Berlitz Essential book continues this successful method of foreign language teaching through dialog, phonetics and vocabulary.

Whether you're a beginner who's never studied a foreign language or a former student brushing up on old skills, *Berlitz Essential French* will provide you with all the tools and information you need to speak a foreign tongue easily and effectively. Furthermore, the book is designed to permit you to study at your own pace, based on your level of expertise.

* Lively bilingual dialogs describe actual, everyday situations in which you might find yourself when travelling in a foreign country.

* A phonetic guide to pronouncing words allows you to acquire the sounds of the language through the use of this book alone.

* Basic grammar is taught through actual phrases and sentences, which help you develop an instinctive sense of correct grammar without having to study long lists of rules and exceptions.

* An exercise section at the end of each lesson gives you the opportunity to pinpoint your strengths and weaknesses, and enables you to study more efficiently.

*   The glossary at the end of the book gives you an easy
reference list of all the words used in the book.

HOW TO USE THIS BOOK

The best way to learn any language is through consistent *daily* study.
Decide for yourself how much time you can devote to the study of
Essential French each day - you may be able to complete two lessons
a day or just have time for a half-hour of study. Set a realistic daily
study goal that you can easily achieve, one that includes studying
new material as well as reviewing the old. The more frequent your
exposure to the language, the better your results will be.

THE STRUCTURE OF THE BOOK

*   Read the dialog at the beginning of each lesson aloud,
slowly and carefully, using the translation and the
pronunciation guide.

*   When you have read the dialog through enough times to get
a good grasp of the sounds and sense of it, read the
grammar section, paying particular attention to how the
language builds its sentences. Then go back and read the
dialog again.

*   When studying the vocabulary list, it is useful to write the
words down in a notebook. This will help you remember
both the spelling and meaning, as you move ahead. You
might also try writing the word in a sentence that you make
up yourself.

*   Try to work on the exercise section without referring to the
dialog, then go back and check your answers against the
dialog or by consulting the answer section at the end of the
book. It's helpful to repeat the exercises.

By dedicating yourself to the lessons in *Berlitz Essential French*
course, you will quickly put together the basic building blocks of

French, which will help you to continue at your own pace. You will find in this book all you need to know in order to communicate effectively in a foreign language; and you will be amply prepared to go on to master French with all the fluency of a native speaker.

GUIDE TO PRONUNCIATION

The sounds of the language have been converted into phonetic guides in parentheses under the words in the beginning lessons and in the *Pronunciation* section of every lesson. Instead of using complicated phonetic symbols, we've devised recognizable English approximations that, when read aloud, will give you the correct pronunciation of the foreign words. You don't need to memorize the phonetics; just sound the word out and practice pronunciation (which may differ greatly from the actual spelling of the word) until you're comfortable with it.

The phonetic guide is there to help you unlock the basic sound of each word; the accent and cadence of the language will eventually best be learned by conversation with someone who is already fluent.

The French sound "on" is transcribed *ohng* although there is no "g" sound at all when the French say it. But we did not want the English reader to pronounce an "n" sound either, since there is no "n" sound when the French say it. So we opted for the lesser of two evils, and printed *ohng, uhng, ehng* and *ahng* for the French sounds "on," "un," "in" and "an."

Similarly, we chose to use *ew* – for want of anything closer in English – to convey the French letter "u," which has a unique sound.

BONJOUR!

HELLO!

Monsieur Sorel	**Bonjour, Paul!** *(Bohn-jour, Paul!)* Hello, Paul!
Paul	**Bonjour, monsieur! Ça va?** *(Bohn-jour, muss-yuh! Sah vah?)* Hello, sir! How's everything?
Monsieur Sorel	**Oui, ça va bien, merci. Et vous, Paul, comment allez-vous?** *(Wee, sah vah bee-ehng, mair-see. Eh voo, Paul, khom-mahng-t-ah-lay voo?)* Fine, thank you. And you, Paul, how are you?
Paul	**Très bien, merci.** *(Treh bee-ehng, mair-see)* Very well, thank you.
Monsieur Sorel	**Une question, Paul!** *(Ewn kess-tee-ohng, Paul)* A question, Paul!

Paul	**Oui, monsieur?**
	(Wee, muss-yuh?)
	Yes, sir?
Monsieur Sorel	**Ça . . . Est-ce que c'est un stylo?**
	(Sah . . . Ess kuh seh-t-uhng stee-lo?)
	This . . ./Look at this . . . Is this a pen?
Paul	**Oui, c'est un stylo.**
	(Wee, seh-t-uhng stee-lo)
	Yes, it's a pen.
Monsieur Sorel	**Et ça? Est-ce que c'est un stylo ou une clé?**
	(Eh sah? Ess kuh seh-t-uhng stee-lo oo ewn kleh?)
	And that? Is that a pen or a key?
Paul	**Ça, c'est une clé!**
	(Sah, seh-t-ewn kleh!)
	That is a key!
Monsieur Sorel	**Bien! Et ça? Est-ce que c'est aussi une clé?**
	(Bee-ehng! Eh sah? Ess kuh seh-t-owe-see ewn kleh?)
	And that? Is that also a key?
Paul	**Non, monsieur. Ce n'est pas une clé!**
	(Nohng, muss-yuh. Suh neh pah-z-ewn kleh)
	No, sir. That's not a key!
Monsieur Sorel	**Qu'est-ce que c'est?**
	(Kess kuh seh?)
	What is it?
Paul	**C'est un livre! C'est un livre de français.**
	(Seh-t-uhng lee-vr. Seh-t-uhng lee-vr duh frahn-say)
	It's a book! It's a French book.
Monsieur Sorel	**Très bien, Paul! Au revoir.**
	(Treh bee-ehng, Paul! Oh reh-vouar)
	Very good, Paul! Goodbye.
Paul	**Au revoir, monsieur. À bientôt.**
	(Oh reh-vouar, muss-yuh. Ah bee-ehng tow!)
	Goodbye, sir. See you soon.

1. QUESTIONS ET RÉPONSES

question: Qu'est-ce que c'est?
(Kess kuh seh?)
What is this?

réponse: C'est un stylo.
(Seh-t-uhng stee-lo)
It's a pen.

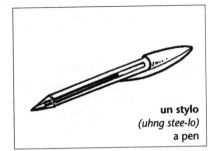

un stylo
(uhng stee-lo)
a pen

question: Qu'est-ce que c'est?

réponse: C'est un livre.
(Seh-t-uhng lee-vr)
It's a book.

un livre
(uhng lee-vr)
a book

question: Qu'est-ce que c'est?

réponse: C'est un bureau.
(Seh-t-uhng bureau)
It's a desk.

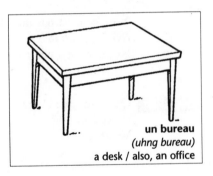

un bureau
(uhng bureau)
a desk / also, an office

2. OUI OU NON

question: Est-ce que c'est un bureau?
(Ess kuh seh-t-uhng bureau?)
Is this a desk?

réponse: Oui.
(Wee)
Yes.

Oui, c'est un bureau.
(Wee, seh-t-uhng bureau)
Yes, it's a desk./Yes, it is.

LESSON 1

3

question: Est-ce que c'est un stylo?
(Ess kuh seh-t-uhng stee-lo?)
Is this a pen?

réponse: Oui, c'est un stylo.
(Wee, seh-t-uhng stee-lo)
Yes, it's a pen./Yes, it is.

question: Est-ce que c'est un stylo?

réponse: Non.
(Nohng)
No.

Non, ce n'est pas un stylo.
(Nohng, suh neh pah-z-uhng stee-lo)
No, it's not a pen./No, it isn't a pen./No, it isn't.

question: Qu'est-ce que c'est?
(Kess kuh seh?)
What is it?

réponse: C'est un livre.
(Seh-t-uhng lee-vr)
It's a book.

3. UN OU UNE

There are two translations of "a" in French: **un** (for words which are masculine) and **une** (for words which are feminine).

Always learn the gender of the word (masculine or feminine) at the same time as you learn the word itself: not just **stylo** but <u>**un**</u> **stylo**, not just clé but <u>**une**</u> **clé**, etc.).

Here are some words that take **une**:

une clé	**une boîte**	**une chaise**
(ewn kleh)	*(ewn bwaht)*	*(ewn shezz)*
a key	a box	a chair

Most of the words ending with an "e" are feminine (but there are exceptions, for example: **un livre**).

Est-que c'est une boîte?
(Ess kuh seh-t-ewn bwaht?)
Is this a box?

Non, ce n'est pas une boîte.
(Nohng, suh neh pah-z-ewn bwaht)
No, it's not a box./No, it isn't.

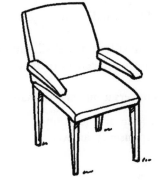

Qu'est-ce que c'est?

C'est une chaise.
(Seh-t-ewn shezz)
It's a chair.

Est-ce que c'est une clé <u>ou</u> un stylo?
(Ess kuh seh-t-ewn kleh oo uhng stee-lo)
Is that a key <u>or</u> a pen?

C'est un stylo.

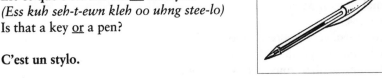

The definite article "the" is translated in French by **le** *(luh)* when the noun is masculine (**un livre** – **le livre**) or **la** *(lah)* when the noun is feminine (**une chaise** – **la chaise**).

We will reexamine this point, and the plural "the" (**les**), in a later chapter.

VOCABULAIRE

le vocabulaire: the vocabulary
(luh voh-cah-bew-lair)
la grammaire: the grammar
(lah grahm-mair)

bonjour: hello
au revoir: goodbye
À bientôt!: See you soon!

monsieur: mister/sir
un monsieur: a gentleman/a man
madame Sorel: Mrs Sorel
mademoiselle Sorel: Miss Sorel

petit (or **petite**): small/little
grand (or **grande**): big/large

In our next lesson, we will take a closer look at the masculine and feminine of adjectives (**petit/petite, grand/grande,** etc.)

une conversation: a conversation

une question: a question
une réponse: an answer

oui: yes
non: no

merci: thank you

ça: that
ça va?: How is it going?/Is everything all right?
bien: good/well
mal *(mahl)*: bad/badly
très: very
très bien: very well/very good
très mal: very bad
Comment allez-vous?: How are you?
comment: how
vous *(voo)*: you

un bureau: a desk
un stylo: a pen
un livre: a book
un livre de français: a French book [a book of French]
un Français: a Frenchman

une boîte: a box
une chaise: a chair
une clé: a key

AUTRE VOCABULAIRE

autre: other
une leçon: a lesson
et *(eh)*: and
qu'est-ce que . . . ?: what . . . ?
ou *(oo)*: or
de *(duh)*: of/from
français: French
aussi: also
bientôt: soon

EXERCICES

1 UN OU UNE?

1. _une_ chaise

2. _un_ livre

3. _un_ bureau

4. _une_ clé

5. _une_ boîte

6. _une_ conversation

7. _une_ question

8. _un_ monsieur

9. _une_ réponse

10. _un_ Français de Paris

2 C'EST OU CE N'EST PAS?

1. Oui, _c'est_ Paul!

2. Non, _____ Sylvie!

3. Oui, _____ monsieur Sorel!

4. Oui, _____ un professeur de français!

5. Non, _____ madame Sorel!

3 QU'EST-CE QUE C'EST?

1. a pen: _un stylo_

2. a box: _____

3. a gentleman: _____

4. a book: _____

5. an answer: _____

LEÇON 2

PRÉSENTATIONS
INTRODUCTIONS

Monsieur Sorel	**Bonjour! Je suis Thomas Sorel. Et vous, qui êtes-vous?**
	(Bohn-jour! J-uh swee Tow-mah Sow-rell. Eh voo, kee ett-voo?)
	Hello! I am Thomas Sorel. And you, who are you?
Mademoiselle Caron	**Je suis Nathalie Caron. Je suis française. Et vous, est-ce que vous êtes français?**
	(J-uh swee Nah-tah-lee Kah-rohng. J-uh swee frahn-sezz. Eh voo, ess kuh voo-z-ett frahn-say?)
	I am Natalie Caron. I am French. And you, are you French?

Monsieur Sorel	**Non, je ne suis pas français. Je ne suis pas belge et je ne suis pas suisse non plus!** *(Nohng, j-uh nuh swee pah frahn-say. J-uh nuh swee pah behl-j eh j-uh nuh swee pah sweess nohng plew!)* No, I am not. I am not Belgian and I am not Swiss either!
Mademoiselle Caron	**De quelle nationalité êtes-vous?** *(Duh kell nah-see-oh-nah-lee-teh ett-voo?)* What nationality are you? [Of which nationality are you?]
Monsieur Sorel	**Je suis canadien. Je viens de Montréal. Et vous, d'où venez-vous?** *(J-uh swee kah-nah-diehng. J-uh viehng duh Mohn-reh-ahl. Eh voo, doo vuh-neh voo?)* I am Canadian. I come from Montreal. And you, where do you come from?
Mademoiselle Caron	**Je viens de Bordeaux. Maintenant je travaille ici, à Paris, dans une banque. C'est une très grande banque. Et vous, où travaillez-vous?** *(J-uh viehng duh Bohr-dow. Mehn-tuh-nahng j-uh trah-vah-y ee-see, ah Pah-ree, dahn-z-ewn bahnk. Seh-t-ewn treh grahndd bahnk. Eh voo, oo trah-vah-yeh voo?)* I come from Bordeaux. Now, I am working here, in Paris, in a bank. It's a very large bank. And you, where do you work?
Monsieur Sorel	**Moi? Je travaille dans une école. Je suis professeur.** *(Mwah? J-uh trah-vah-y dahn-z-ewn eh-cohl. J-uh swee proh-feh-sser)* Me? I work in a school. I am a teacher.
Mademoiselle Caron	**Qui est ce garçon?** *(Kee eh suh gahr-sohng?)* Who is this boy?

Monsieur Sorel	**C'est Paul. Il étudie le français. Paul! Paul, s'il vous plaît, venez ici.** *(Seh Paul. Eel eh-tew-dee luh frahn-say. Paul! Paul, seel-voo-pleh, vuh-neh ee-see)* It's Paul. He is studying French. Paul! Paul, please, come here.
Paul	**Bonjour, monsieur! Bonjour, mademoiselle.** *(Bohn-j-our, muss-yuh! Bohn-j-our, mah-duh-mwah-zell)* Hello, sir! Hello, miss.
Monsieur Sorel	**Mademoiselle Caron, voici Paul. Paul, voici mademoiselle Caron.** *(Mah-duh-mwah-zell Kah-rohng, vwah-see Paul. Paul, vwah-see mah-duh-mwah-zell Kah-rohng)* Miss Caron, this is Paul. Paul, this is Miss Caron.
Paul	**Enchanté, mademoiselle!** *(Ahng-shahng-teh, mah-duh-mwah-zell)* Pleased to meet you, Miss Caron.
Mademoiselle Caron	**Enchantée, Paul!** *(Ahng-shahng-teh, Paul)* Pleased to meet you, Paul.

1. JE SUIS/JE NE SUIS PAS

Je suis Thomas Sorel.
(J-uh swee Thomas Sorel)
I am Thomas Sorel.

Je ne suis pas Paul!
(J-uh nuh swee pah Paul)
I am not Paul.

The negative is formed by putting **ne** (or **n'**) before the verb, and **pas** after the verb. (We have already seen an example of this in the preceding lesson: C'est un stylo – Ce n'est pas un stylo.)

Je suis Paul.
I am Paul.

Je ne suis pas Monsieur Sorel.
I am not Mr Sorel.

Je suis Nathalie Caron.
I am Natalie Caron.

Je ne suis pas Madame Sorel.
I am not Mrs Sorel.

2. VOUS ÊTES/VOUS N'ÊTES PAS

Êtes-vous Thomas Sorel?
(Ett voo Thomas Sorel?)
Are you Thomas Sorel?

Êtes-vous Nathalie Caron?
(Ett voo Natalie Caron?)
Are you Natalie Caron?

Êtes-vous Paul?
(Ett voo Paul?)
Are you Paul?

The above listed questions are formed by inverting the personal subject pronoun (**vous**) and the verb (**êtes**): **êtes-vous . . . ?**

Vous êtes français. (statement)	**Êtes-vous français?** (question)
You are French.	Are you French?

works with everything except Je

Another way to form the interrogative is by putting the words **est-ce que** before a statement.

Other examples:

Est-ce que vous êtes Thomas Sorel?
(Ess kuh voo-z-ett Thomas Sorel?)
Are you Thomas Sorel?

Est-ce que vous êtes Paul?
(Ess kuh voo-z-ett Paul?)
Are you Paul?

Ah! Vous n'êtes pas Thomas Sorel,
(Voo nett pah Thomas Sorel)
You are not Thomas Sorel,

vous n'êtes pas Nathalie Caron,
(voo nett pah Natalie Caron)
you are not Natalie Caron,

vous n'êtes pas Paul,
(voo nett pah Paul)
you are not Paul,

alors qui êtes-vous?　　　　Répondez:　　Je suis . . .
(ah-lohr kee ett voo?)　　　*(Reh-pohn-deh: J-uh swee . . .)*
so who are you?　　　　　　　Answer:　　　I am . . .

Bien! Merci.
(Bee-ehng! Mehr-see)
Good! Thank you.

Est-ce que vous êtes belge? (= **êtes-vous belge?**)
(Ess kuh voo-z-ett behl-j?) (= *ett voo behl-j?*)
Are you Belgian?

Ah! Vous n'êtes pas belge.
Ah! You are not Belgian.

Est-ce que vous êtes suisse?
(sweess)
Are you Swiss?

Non? De quelle nationalité êtes-vous?
(Nohng? Duh kell nah-see-oh-nah-lee-teh ett voo?)
No? What nationality are you?

Répondez:	**Je suis italien**
(Reh-pohn-deh)	*(J-uh swee-z-ee-tah-liehn)*
Answer:	I am Italian
ou:	**Je suis espagnol**
	(es-pah-nee-ohl)
	Spanish

anglais
(ahn-gleh)
English

allemand
(ahl-mahng)
German

japonais
(j-ah-poh-neh)
Japanese

russe
(rew-ss)
Russian

américain
(ah-meh-ree-kaihng)
American

3. IL EST / IL N'EST PAS

il est:	**il n'est pas**
he is / it is	he is not / it is not

Monsieur Sorel est canadien.
(Muss-yuh Sow-rell eh kah-nah-dee-ehng)
Mr Sorel is Canadian.

Il est canadien.
(Eel eh kah-nah-dee-ehng)
He is Canadian.

Il n'est pas japonais.
(Eel neh pah j-ah-poh-neh)
He is not Japanese.

Il n'est pas russe.
(Eel neh pah rew-ss)
He isn't Russian.

4. ELLE EST / ELLE N'EST PAS

elle est:	elle n'est pas
she is / it is	she is not / it is not

Et Mademoiselle Caron?
(Eh mah-duh-mwah-zell Caron?)
And Miss Caron?

Est-ce qu'elle est russe?
(Ess kell eh rew-ss?)
Is she Russian?

Non, elle n'est pas russe.
(ell neh pah)
No, she is not Russian.

Elle n'est pas belge.
She isn't Belgian.

Elle n'est pas suisse.
She isn't Swiss.

De quelle nationalité est-elle?   **Elle est française.**
(Duh kell nah-seeoh-nah-lee-teh eh-t-ell?)   *(Ell eh frahn-sezz)*
What nationality is she?   She is French.

5. FRANÇAIS OU FRANÇAISE?

In the above example, **français** has become **française** because it applies to **Mademoiselle Caron** (feminine).

When it is used with a feminine noun, the adjective must be put in the feminine. Here are the masculine and the feminine form of some adjectives that we have already encountered:

MASCULIN	FÉMININ
français	française
japonais	japonai*se*
anglais	anglai*se*

In the feminine, the last syllable "se" is pronounced _zz_.

américain	américai*ne*
italien	italie*nne*
canadien	canadie*nne*

In the feminine, the ending is pronounced like the letter _n_.

allemand	alleman*de*

In the feminine, the last syllable "de" is pronounced: the "d" is sounded.

espagnol	espagnol*e*

Here the pronunciation remains the same as for the masculine form.

Exceptionally, some remain the same in the feminine:

russe	russe
suisse	suisse
belge	belge

In other words, the adjective agrees with the noun. When the noun is masculine (**un**), the adjective must be used in its masculine form.

Examples of masculine:

un petit garçon
(uhng puh-tee gahr-sohng)
a small boy

(on petit, the last consonant, "t" is not sounded: puh-tee)

un grand garçon
(grahn)
a big boy

un garçon américain
an American boy

un petit stylo
a small pen

un petit livre
a small book

un grand bureau
a large desk

un petit exercice
a little exercise

When the noun is feminine (**une**), the adjective must be used in its feminine form (frequently adding an "e" to the masculine).

Examples of feminine:

un̲e petit̲e conversation
(the last consonant, "t," is then sounded: *puh-tee-tt*).

The noun **conversation** is feminine (like all words ending in "-tion" and "-sion"), so in the above example, the adjective must be **petit̲e** (and not **petit**).

un̲e grand̲e banque

Likewise, the noun **banque** is feminine, so the adjective must be **grand̲e** (and not **grand**). Also:

une petite question
a little question

une petite clé
a small key

une grande boîte
a large box

une petite chaise
a small chair

une petite leçon de français
a little French lesson

une grande école
a big school

une école italienne
an Italian school

6. VERBES

We will mention first the infinitive (**infinitif**) of the verb, and then its conjugation (**conjugaison**). The forms for "we," "they," and "you familiar" will be added later.

être *(eh-trr)* to be		
je suis	je ne suis pas	est-ce que je suis?
il est	il n'est pas	est-ce qu'il est? (ou: est-il?)
elle est	elle n'est pas	est-ce qu'elle est? (ou: est-elle?)
vous êtes	vous n'êtes pas	est-ce que vous êtes? (ou: êtes-vous?)

Examples:

Paul n'est pas allemand.
Paul is not German.

Est-ce qu'il est grand?
Is he tall?

venir *(vuh-neer)* to come		
je viens	je ne viens pas	est-ce que je viens?
il vient	il ne vient pas	est-ce qu'il vient? (vient-il?)
elle vient	elle ne vient pas	est-ce qu'elle vient? (vient-elle?)
vous venez	vous ne venez pas	est-ce que vous venez? (venez-vous?)

In the 3 persons **je** (I), **il** (he), and **elle** (she), the verb is pronounced the same: *vee-ehng*. But **venez** is pronounced *vuh-neh*.

Examples:

Venez-vous de Paris?
(Vuh-neh voo duh Pah-ree?)
Do you come from Paris?/Are you coming from Paris?

Nathalie Caron <u>vient</u> de Bordeaux.
(Natalie Caron vee-ehng duh Bohr-dow)
Natalie Caron comes from Bordeaux.

travailler		
(trah-vah-yeh)		
to work		
je travaill-e	je ne travaill-e pas	est-ce que je travaille?
il travaill-e	il ne travaill-e pas	travaille-t-il?
elle travaill-e	elle ne travaill-e pas	travaille-t-elle?
vous travaill-ez	vous ne travaill-ez pas	travaillez-vous?

Examples:

Thomas ne travaille pas dans une banque.
(Tow-mah nuh trah-vah-y pah dahn-z-ewn bahnk)
Thomas doesn't work in a bank.

Où travaille-t-il?
(Oo trah-vah-y-t-eel?)
Where does he work?

Note that the letter "t" appears between the verb and the subject in this interrogative form, for ease of pronunciation. We can see this also in the interrogative of our next verb:

étudier		
(eh-tew-dee-yeh)		
to study		
j' étudi-e	je n'étudi-e pas	est-ce que j'étudie?
il étudi-e	il n'étudi-e pas	étudie-t-il?
elle étudi-e	elle n'étudi-e pas	étudie-t-elle?
vous étudi-ez	vous n'étudi-ez pas	étudiez-vous?

The above examples show yet another small change for phonetic reasons: **je** becomes **j'** and **ne** becomes **n'** when the following word (**étudie**, here) begins with a vowel.

Examples:

Est-ce que j'étudie le français ou le japonais?
(Ess kuh j-eh-tew-dee . . . ?)
Am I studying French or Japanese?

Notice that **j'étudie** means "I study" as well as "I am studying," depending on the sentence.

Et Nathalie? Étudie-t-elle à l'école?
(Eh-tew-dee-t-ell ah leh-coll?)
And how about Natalie? Does she study at school?/Is she studying at school?

VOCABULAIRE

présentations *(preh-zahn-tah-seeohng)*: introductions
enchanté/enchantée *(ahng-shahng-teh)*: pleased to meet you
s'il vous plaît *(seel-voo-pleh)*: please
voici *(vouah-see)*: here is . . .
qui? *(kee?)*: who?

une nationalité: a nationality
de quelle nationalité: What nationality . . . ?
français/française: French (the nationality)
japonais/japonaise: Japanese
anglais/anglaise: English
américain/américaine: American
canadien/canadienne: Canadian
italien/italienne: Italian
allemand/allemande: German
espagnol/espagnole: Spanish
belge: Belgian
suisse: Swiss
russe: Russian

un verbe *(uhng vehr-bb)*: a verb
être: to be
un infinitif: an infinitive
une conjugaison: a conjugation
travailler: to work
venir: to come
étudier: to study

une banque: a bank

une école: a school
une école de langues: a language school
une langue *(ewn lahn-g)*: a language
le français: French (the language)
le japonais: Japanese
le russe: Russian

l'anglais: English
l'italien: Italian

un professeur: a teacher
un professeur de français: a teacher of French/a French teacher
une leçon de français: a French lesson

AUTRE VOCABULAIRE

moi *(mwah)*: me
ici: here

où: where (*oo* – the same as **ou** meaning "or")
de: from (as well as "of")
d'où: from where (**d'où** is a contraction of <u>de</u> and <u>où</u>)

ce (or **cette**): this
Examples: **J'étudie** <u>ce</u> **verbe.** I am studying this verb (masculine).
<u>Cette</u> **banque est à Paris.** This bank (feminine) is in Paris.

EXERCICES

1 S'IL VOUS PLAÎT, RÉPONDEZ!

Please, answer!
Exemple: Êtes-vous professeur de français?
    Non, je ne suis pas professeur de français.

1. Est-ce que vous êtes de Paris?

2. Est-ce que vous êtes de Genève?

3. Êtes-vous français (ou française)?

4. Venez-vous de Marseille?

5. Est-ce que vous travaillez à Bordeaux?

6. Étudiez-vous le français?

7. Est-ce que vous étudiez le français dans une banque?

8. Qui êtes-vous et d'où venez vous?

2 CHOISISSEZ L'ADJECTIF APPROPRIÉ.

Choose the appropriate adjective.
Exemple: Voici un _petit_ exercice! (petit/petite)

1. Mademoiselle Carmen est _____ . (mexicain/mexicaine)

2. Monsieur Giuseppe Rossi n'est pas _____ . (anglais/anglaise)

3. Est-ce que madame Schmidt est _____ ? (allemand/allemande)

4. Vous étudiez dans le livre de _____ . (français/française)

5. Est-ce que le bureau de monsieur Sorel est _____ ?
   (grand/grande)

6. Ce livre est _____ . (petit/petite)

7. La chaise de Paul aussi est _____ . (petit/petite)

8. Nathalie Caron n'est pas très _____ . (grand/grande)

NATHALIE PART EN VOYAGE
NATALIE GOES ON A TRIP

Paul   **Nathalie, avez-vous un billet d'avion?**
(*ah-veh voo uhng bee-yeh dah-vee-ohng?*)
Natalie, do you have a plane ticket?

Nathalie   **Oui Paul, j'ai un billet d'Air France. Il est dans le sac.**
(*j-eh uhng bee-yeh dehr frahng-ss. Eel eh dahng luh sahk*)
Yes Paul, I have an Air France ticket. It's in the bag.

Paul   **Vous avez aussi une valise, n'est-ce pas?**
(*Voo-z-ah-veh oh-see ewn vah-lee-z, ness-pah?*)
You also have a suitcase, right?

Nathalie	Oui, bien sûr! Je voyage avec une grande valise.
	Dans la valise, j'ai une jupe, un manteau,
	deux ou trois sweaters, etc.

Nathalie **Oui, bien sûr! Je voyage avec une grande valise.**
Dans la valise, j'ai une jupe, un manteau,
deux ou trois sweaters, etc.
(Wee, bee-ehng sewr. J-uh vwah-yah-j ah-vek ewn
grahndd vah-leez. Dahn la vah-leez j-eh ewn j-ew-pp,
uhng mahn-tow, duh-z-oo trwah sweh-ter,
eh-t-say-teh-rah)
Yes, of course! I travel with a large suitcase. In the
suitcase, I have a skirt, a coat, two or three sweaters, etc.

Paul **Est-ce que vous avez un passeport?**
(Ess kuh voo-z-ah-veh uhng pahss-pohr?)
Do you have a passport?

Nathalie **Non, je n'ai pas de passeport, mais j'ai une carte**
d'identité.
(Nohng, j-uh neh pah duh pahss-pohr, meh j-eh ewn kart
dee-dehng-tee-teh)
No, I don't have a passport, but I have an identity card.

Paul **Ah, bon. Et où allez-vous? À Marseille?**
(Ah bohng. Eh oo ah-leh voo? Ah Mars-ey?)
Ah, OK. And where are you going? To Marseilles?

Nathalie **Non, je ne vais pas à Marseille. Je vais à Bordeaux.**
(Nohng, j-uh nuh veh pah-z-ah-Mars-ey. J-uh veh-z-ah
Bohr-dow)
No, I'm not going to Marseilles. I'm going to Bordeaux.

Paul **Est-ce que vous prenez le métro, pour aller à l'aéroport?**
(Ess kuh voo pruh-neh luh meh-tro, poorr ah-leh ah
l-ah-eh-roh-pohr?)
Do you take the subway to go to the airport?

Nathalie **Non, je prends un taxi.**
(Nohng, j-uh prehng uhng tah-xee)
No, I take a cab.

Paul **Quand partez-vous? Aujourd'hui?**
(Kahn pahr-teh voo? Oh-j-oor-dwee?)
When are you leaving? Today?

Nathalie **Non, non, je pars demain.**
(Nohng, nohng, j-uh pahr duh-maihng)
No, no, I'm leaving tomorrow.

Paul **À quelle heure?**
(Ah kell er?)
At what time?

Nathalie	**À trois heures. Vous êtes très curieux, Paul!** *(Ah trwah-z-er. Voo-z-ett treh kew-ree-uh, Paul)* At three o'clock. You are very nosy, Paul!
Paul	**Mais vous revenez bientôt, n'est-ce pas?** *(Meh voo ruh-vuh-neh bee-ehng-tow, ness-pah?)* But you are coming back soon, right?
Nathalie	**Oui, je reviens dans une semaine. J'ai beaucoup de travail ici. C'est tout?** *(Wee, j-uh ruh-viehng dahn-z-ewn suh-mehn. J-eh bow-koo duh trah-vah-yee-see. Seh too?)* Yes, I'm coming back in a week. I have a lot of work here. Is that all?
Paul	**Oui. Bon voyage, Nathalie! À bientôt!** *(Bohng vwah-yah-j)* Yes. Have a good trip, Natalie! See you soon!
Nathalie:	**À bientôt, Paul! Travaillez bien!** *(Trah-vah-yeh bee-ehng)* See you soon, Paul! Keep up the good work!

1. J'AI/JE N'AI PAS

j'ai *(j-eh)* I have	**je n'ai pas** *(j-uh neh pah)* I don't have

J'ai une valise.
(J-eh ewn vah-lee-z)
I have a suitcase.

Je n'ai pas de passeport.
(Juh neh pah duh pahss-pohr)
I don't have a passport.

Notice the use of the preposition **de** after an absolute negative:

Je n'ai pas de passeport, instead of **un passeport**.
Other examples of this:

Je n'ai pas de stylo.
(J-uh neh pah duh stee-lo)
I don't have a pen.

Je n'ai pas <u>de</u> clé.
(J-uh neh pah duh kleh)
I don't have a key.

To express the interrogative "Have I . . . ?" or "Do I have . . . ?", the inversion **ai-je** is not used (too formal). Use the form "**est-ce que** + statement" instead.

<u>Est-ce que j'ai</u> un billet?
(Ess kuh j-eh uhng bee-yeh?)
Do I have a ticket?

2. VOUS AVEZ/VOUS N'AVEZ PAS

vous avez	**vous n'avez pas**
(voo-z-ahveh)	*(voo nahveh pah)*
you have	you don't have

Est-ce que vous <u>avez</u> un passeport?
(Ess kuh voo-z-ahveh uhng pahss-pohr?)
Do you have a passport?

<u>Avez</u>-vous un stylo?
(Ah-veh voo uhng stee-lo?)
Do you have a pen?

<u>Avez</u>-vous un livre?
Do you have a book?

Qu'est-ce que vous <u>avez</u> dans le sac?
(Kess kuh voo-z-ahveh dahng luh sahk?)
What do you have in the bag?

répondez: **J'<u>ai</u> un billet d'avion.**

Bien! Merci.
Good! Thank you.

3. IL A / IL N'A PAS

il a	**il n'a pas**
(eel ah)	*(eel nah pah)*
he/it has	he/it does not have

Monsieur Sorel a un livre.
(ah)
Mr Sorel has a book.

Il a un livre.
(Eel ah uhng lee-vr)
He has a book.

Il n'a pas de stylo.*
(Eel nah pah duh stee-lo)
He doesn't have a pen.

4. ELLE A / ELLE N'A PAS

elle a	**elle n'a pas**
(ell ah)	*(ell nah pah)*
she/it has	she/it does not have

Et Mademoiselle Caron?
(Eh mah-duh-mwah-zell Caron?)
And Miss Caron?

Est-ce qu'elle a une valise?
(Ess kell ah ewn vah-leez?)
Does she have a suitcase?

Est-ce qu'elle a une jupe et un manteau?
(Ess kell ah ewn jewpp eh uhng mahn-tow?)
Does she have a skirt and a coat?

Est-ce qu'elle a un passeport?
(Ess kell ah uhng pahss-pohr?)
Does she have a passport?

Non, elle n'a pas de passeport.
(ell nah pah)
She doesn't have a passport.

*Notice again the absolute negative: **pas de stylo** (instead of **un stylo**).

Elle n'a pas de livre.
She doesn't have a book.

Elle n'a pas de clé.
She doesn't have a key.

5. LE OU LA ?

le *(luh)* is masculine:

un manteau	**Quel manteau?**	**Le manteau de Nathalie!**
(uhng mahn-tow)	*(Kell mahn-tow?)*	*(Luh mahn-tow duh Natalie)*
a coat	Which coat?	Natalie's coat!
		[The coat of Natalie]
un sac	**Quel sac?**	**Le sac de Nathalie!**
(uhng sahk)	*(Kell sahk?)*	*(Luh sahk duh Natalie)*
a bag	Which bag?	Natalie's bag!

Notice the form **le manteau de Nathalie**. The possessive case with
"s" in English (Natalie's coat, Natalie's bag) does not exist in French.
In order to express possession, use the preposition **de** ("of") and then
the name of the possessor.

Other examples of masculine:

Le petit garçon, c'est Paul.
(Luh puh-tee gahr-sohng, seh Paul)
The small boy is Paul.

The repetition of the subject (**le garçon, c'est Paul**) is very common in
French, much more so than in English.

Le monsieur, c'est Monsieur Sorel. Il est canadien.
(Luh muss-yuh, seh muss-yuh Sorel. Eel eh cah-nah-diehng)
The gentleman is Mr Sorel. He is Canadian.

Voici le livre. Il est petit.
Here is the book. It is small.

Voici le bureau. Il est très grand.
Here is the desk. It is very large.

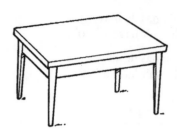

Notice, in our last two examples, **il** is used for "it" (the desk or the book, since both words are masculine in French) as well as for "he" (Paul or Mr Sorel). More examples of this:

J'ai le billet. Il est ici!
(J-eh luh bee-yeh. Eel eh-t-ee-see)
I have the ticket. It is here!

Où est le sweater? Il n'est pas dans le sac.
(Oo eh luh sweh-tair? Eel neh pah dahn luh sahk)
Where is the sweater? It's not in the bag.

la *(lah)* is feminine:

une valise	Quelle valise?	**La** valise de Nathalie!
(ewn vah-lee-z)	*(Kell vah-lee-z)*	*(Lah vah-lee-z duh Natalie)*
a suitcase	Which suitcase?	Natalie's suitcase!
une question	Quelle question?	**La** question de Paul.
(ewn kess-tiohng)	*(Kell kess-tiohng?)*	*(Lah kess-tiohng duh Paul)*
a question	What question?	Paul's question.

Other examples of feminine:

Est-ce que vous avez <u>la grande valise</u>?
Do you have the large suitcase?

Quelle est la réponse?
(Kell eh lah reh-pons?)
What is the answer?

<u>La</u> banque est grand<u>e</u>. <u>Elle</u> est à Paris.
The bank is large. It's in Paris.

Et <u>la</u> petit<u>e</u> clé? Où est-<u>elle</u>?
How about the small key? Where is it?

Notice, in our last two examples, **elle** translates "it" (the key or the bank, since both words are feminine in French) as well as "she."

L' can be for both masculine and feminine.

un aéroport	l'aéroport de Paris
(uhng ah-eh-roh-pohr)	(l-ah-eh-roh-pohr duh Pah-ree)
an airport	the airport of Paris / the Paris airport
une école	l'école où Paul étudie
(ewn eh-cohl)	(l-eh-cohl oo Paul eh-tew-dee)
a school	the school where Paul studies

Other examples of **l'**:

J'étudie le verbe "être", et l'autre verbe, c'est le verbe "avoir."
(J-eh-tew-dee luh vehrb eh-trr, eh l-ohtr vehrb, seh luh vehrb ah-voo-ahr)
I am studying the verb "to be," and the other verb is the verb "to have."

Je prends l'avion d'Air France.
(Juh prehng l-ah-vee-ohng d-Air France)
I'm taking the Air France plane.

In the last example above, notice another but similar omission of the final vowel. This time it occurs in the preposition **de** ("of"), which becomes **d'** (as in **d'Air France**). As when **le** or **la** becomes **l'**, this happens when the following word begins with a vowel.

6. VERBES

avoir *(ah-voo-ahr)* to have		
j' ai	je n'ai pas	est-ce que j'ai ?
il a	il n'a pas	est-ce qu'il a? (ou: a-t-il?)
elle a	elle n'a pas	est-ce qu'elle a? (ou: a-t-elle?)
vous avez	vous n'avez pas	est-ce que vous avez? (ou: avez-vous?)

Just like être in the preceding lesson, **avoir** is an irregular verb (a verb whose stem sometimes changes).

Je n'ai pas de billet.
(J-uh neh pah duh bee-yeh)
I don't have a ticket.

Est-ce que Paul a une valise?
Does Paul have a suitcase?

voyager
(vouah-yah-j-eh)
to travel

je voyag-e	je ne voyag-e pas	est-ce que je voyage?
il voyag-e	il ne voyag-e pas	est-ce qu'il voyage?
		(voyage-t-il)
elle voyag-e	elle ne voyag-e pas	est-ce qu'elle voyage?
		(voyage-t-elle)
vous voyag-ez	vous ne voyag-ez pas	est-ce que vous voyagez?
		(voyagez-vous?)

Just like **travailler** and **étudier** in the preceding lesson, **voyager** is a regular verb (a verb whose stem remains unchanged; the "er" ending is the only part of the verb that changes).

Vous voyagez avec une petite valise.
(Voo voy-ah-j-eh ah-vek ewn puh-teet vah-leez)
You travel with a small suitcase.

partir
(pahr-teer)
to depart/leave/go away

je pars	je ne pars pas	est-ce que je pars?
il part	il ne part pas	part-il?
elle part	elle ne part pas	part-elle?
vous partez	vous ne partez pas	partez-vous?

pars and **part** are pronounced the same: *pahr*
partez is pronounced *pahr-teh*

Thomas ne part pas en voyage.
(Thomas nuh pahr pah ehng voy-ah-j)
Thomas is not going on a trip.

Je pars demain.
(J-uh pahr duh-mehng)
I am leaving tomorrow.

---

prendre
(prehn-drr)
to take

je prends	je ne prends pas	est-ce que je prends . . . ?
il prend	il ne prend pas	prend-il?
elle prend	elle ne prend pas	prend-elle?
vous prenez	vous ne prenez pas	prenez-vous?

---

prends and **prend** are pronounced the same: *prehng*
prenez is pronounced *pruh-neh*

Examples:

Est-ce que je prends l'avion avec vous?
(Ess kuh j-uh prehng lah-vee-ohng ah-vek voo?)
Am I taking the plane with you?

Prenez-vous le métro pour aller au bureau?
(Pruh-neh voo luh meh-troh poor ah-leh oh bureau?)
Do you take the subway to go to the office?

Comment allez-vous? (how are you? See lesson 1) is an idiomatic expression that uses the verb **aller** in a figurative way. Most of the time, though, **aller** is used in its literal meaning: to go.

Allez-vous à Paris?
(Ah-leh voo ah pah-ree?)
Are you going to Paris?

Nathalie va à l'aéroport.
(Natalie vah ah l-ah-eh-roh-pohr)
Natalie is going to the airport.

aller is therefore the opposite of **venir** (seen in the preceding lesson).

Thomas Sorel vient de Montréal et Nathalie va à Bordeaux.
(vee-ehng) (vah)
Thomas Sorel comes from Montreal and Natalie goes to Bordeaux.

aller is even more irregular than **prendre** and changes its stem through the conjugation.

aller *(ah-leh)* to go		
je vais	je ne vais pas	est-ce que je vais . . . ?
il va	il ne va pas	est-ce qu'il va? (va-t-il?)
elle va	elle ne va pas	est-ce qu'elle va? (va-t-elle?)
vous allez	vous n'allez pas	est-ce que vous allez? (allez-vous?)

Be careful not to confuse **aller** with **avoir** (to have): **j'ai, il a, vous avez.**

revenir (same as **venir**, with the prefix "re-") *(ruh-vuh-neer)* to come back

Nathalie revient de Bordeaux dans une semaine. *(ruh-vee-ehng duh Bordeaux dahn-z-ewn suh-men)* Natalie is coming back from Bordeaux in a week.

Est-ce que vous revenez ici demain? *(Ess kuh voo ruh-vuh-neh ee-see duh-mehng?)* Are you coming back here tomorrow?

Je reviens de la banque. I'm coming back from the bank.

VOCABULAIRE

partir: to depart/to leave (go away)
à: to/at
à Marseille: to Marseille/at Marseille – in Marseille
à Bordeaux: to Bordeaux/in Bordeaux

partir en voyage: to go on a trip
voyager: to travel
un voyage: a trip/a journey
Bon voyage!: good trip – Have a good trip!
revenir: to come back

quand: when
à quelle heure?: at which hour – At what time?
à trois heures: at three o'clock

une semaine: a week
demain: tomorrow
aujourd' hui: today

avoir: to have

une valise: a suitcase
un sac: a bag

une jupe: a skirt
un manteau: a coat/an overcoat
un sweater: a sweater

un passeport: a passport
une carte *(ewn kart)*: a card
une carte d'identité *(ewn kart d-ee-dehng-tee-teh)*: an identity card

un billet: a ticket
un billet d'avion: a plane ticket
d' (= **de**): of/from
un avion: a plane
un taxi: a taxi/a cab
le métro: the subway train
un billet de métro: a subway ticket

aller: to go
pour aller: for – in order to go – to go/for going

un aéroport: an airport

prendre: to take
prendre le métro: to take the subway
prendre l'avion: to take the plane
prendre un taxi: to take a cab

le travail *(luh trah-vah-y)*: the work
beaucoup de travail: a lot of work
beaucoup *(bow-koo)*: a lot
beaucoup de: a lot of
beaucoup de livres: a lot of books

Travaillez!: Work! (the command form, also called <u>imperative</u>)
Travaillez bien!: Work well – Keep up the good work!

AUTRE VOCABULAIRE

bien sûr: of course/sure
avec: with
Ah bon!: Ah, OK!

très: very
curieux: curious/nosy
n'est-ce pas?: right?
dans: in
une semaine: a week
dans une semaine: in a week
tout: all
C'est tout? (= **Est-ce que c'est tout?**): Is that all?

EXERCICE

RÉPONDEZ D'APRÈS LE DIALOGUE DE LA LEÇON 3.

Answer using the lesson 3 dialog.
Exemple: Est-ce que Nathalie part en voyage?
   Oui, elle part en voyage.

1. Où va-t-elle? *Where is she going?*

2. Part-elle dans une semaine? *She departs in a week?*

3. Quand part-elle?

4. À quelle heure part-elle?

5. Est-ce qu'elle a un passeport ou une carte d'identité?

6. Est-ce qu'elle voyage avec une valise?

7. Est-ce que la valise de Nathalie est petite?

8. Et vous? Partez-vous en voyage avec Nathalie?

9. Est-ce que Nathalie a un billet d'avion?

10. Est-ce que ce billet est dans la valise ou dans le sac?

11. Pour aller à l'aéroport, est-ce que Nathalie prend le métro?

12. Qu'est-ce qu'elle prend?

13. Quand revient-elle de Bordeaux?

14. Paul est curieux, n'est-ce pas?

15. Est-ce que vous travaillez bien, avec ce livre?

LEÇON 4

QUEL JOUR EST-CE, AUJOURD'HUI?
WHAT DAY IS IT, TODAY?

De chez elle, madame Claire Sorel, la femme de Thomas Sorel,
téléphone à une amie.
*(Duh sheh-z-ell, mah-dah-m Claire Soh-rell, lah fah-m duh Thomas
Soh-rell telefon ah ewn ah-mee)*
From her home, Mrs Claire Sorel, wife of Thomas Sorel, is calling a
friend on the phone.

Mme Sorel	**Allô, Sylvie? Bonjour! Comment vas-tu? . . .**
	Moi, je vais bien, merci. Je suis à la maison.
	Quel jour est-ce aujourd'hui? C'est jeudi,
	n'est-ce pas?
	Hello, Sylvie? How are you? . . . I am fine,
	thanks. I am at home. What day is it today?
	It's Thursday, isn't it?

l'amie, au téléphone	**Jeudi? Mais non, ce n'est pas jeudi! J'ai un calendrier sur mon bureau. Aujourd hui, c'est vendredi.** Thursday? No, it's not Thursday! I have a calendar on my desk. Today is Friday.
Mme Sorel	**Vendredi? Déjà? C'est vrai.** Friday? Already? It's true.
l'amie, au téléphone	**Eh bien? Qu'est-ce qu'il y a, vendredi?** So? What about Friday?
Mme Sorel	**Eh bien, ce soir, Thomas et moi, nous avons rendez-vous avec des amis . . . Oh, ce sont des amis du bureau. Ils sont trois: il y a Édouard, Robert et Valérie. Ils sont très gentils.** Well, this evening, Thomas and I are meeting some friends . . . Oh, they are friends from the office. There are three of them: there is Edward, Robert and Valery. They are very nice.
l'amie, au téléphone	**C'est parfait! Où allez-vous?** That's perfect! Where are you going?
Mme Sorel	**D'abord, nous allons au théâtre. Tu viens avec nous?** First we are going to the theater. Are you coming with us?
l'amie au téléphone	**Non, merci. Pas de théâtre pour moi, ce soir. Je suis fatiguée.** No thank you. No theater for me tonight. I am tired.
Mme Sorel	**Il y a une très bonne pièce à la Comédie Française. Ensuite, nous allons dîner au restaurant. Ce restaurant est sur la rive gauche, dans le Quartier Latin . . . Mais quelle heure est-il, maintenant?** There is a very good play at the Comédie Française. Then we are going to have dinner at the restaurant. This restaurant is on the left bank, in the Latin Quarter . . . But what time is it now?
l'amie, au téléphone	**Il est six heures. C'est bientôt l'heure de partir.** It's six o'clock. It will be time to leave soon.

Mme Sorel	Comment? Il est déjà six heures? Les amis de Thomas viennent à six heures et demie! Au revoir, Sylvie! What? It's already six o'clock? Thomas's friends are coming at half past six! Goodbye, Sylvie!
l'amie, au téléphone	Au revoir, Claire! Bonne soirée. Goodbye, Claire! Have a nice evening.

1. PRONONCIATION

prononciation *(proh-nohng-see-ah-see-ohng)*
Mme *(mah-dah-m)*
vas-tu *(vah-tew)*
aujourd'hui *(oh-j-oor-dew-y)*
jeudi *(j-uh-dee)*
calendrier *(kah-lehng-dree-eh)*
sur *(sew-r)*
mon *(mohng)*
vendredi *(vehng-druh-dee)*
déjà *(deh-jhah)*
vrai *(vreh)*
il y a *(eel-ee-ah)*
ce soir *(suh swahr)*
nous avons *(noo-z-ah-vohng)*
rendez-vous *(rehng-deh voo)*
des amis *(deh-z-ah-mee)*
ce sont *(suh sohng)*
ils sont *(eel sohng)*
gentils *(gehng-tee)*
parfait *(pahr-feh)*
d'abord *(dah-bohr)*
nous allons *(noo-z-ah-lohng)*
au théâtre *(oh teh-ah-tr)*
tu viens *(tew vee-ehng)*
fatiguée *(fah-tee-gay)*
bonne *(bohnn)*
pièce *(pee-ehss)*
Comédie *(koh-meh-dee)*
dîner *(dee-neh)*
restaurant *(res-toh-rahng)*
ensuite *(ehng-sw-eet)*
rive gauche *(ree-v goe-sh)*

quartier *(kahr-tee-eh)*
latin *(lah-taing)*
heure *(uhr)*
maintenant *(maing-tuh-nahng)*
six heures *(see-z-uhr)*
viennent *(vee-enn)*
demie *(duh-mee)*
soirée *(swah-reh)*

2. LE PLURIEL DES ARTICLES INDÉFINIS

> **un/une – des**
> *(deh)*

J'ai <u>un</u> stylo – J'ai <u>des</u> stylos
I have a pen – I have pens/I have some pens

J'ai <u>une</u> clé – j'ai <u>des</u> clés
I have a key – I have keys

In the indefinite plural, the article **des** is mandatory (unlike "some" in English). The plural of the nouns is generally formed by adding an "s" to the noun (**stylos, clés**).

Je pars avec <u>un</u> ami – Je pars avec <u>des</u> amis
I am leaving with a friend – I am leaving with friends

J'étudie <u>une</u> pièce de théâtre – J'étudie <u>des</u> pièces de théâtre
I am studying a play – I am studying some plays

Nathalie a <u>un</u> sweater dans la valise – Nathalie a <u>des</u> sweaters dans la valise
Natalie has a sweater in the suitcase – Natalie has sweaters in the suitcase

This "s" is not pronounced, except in the cases where the following word begins with a vowel. The final "s" is then pronounced as a soft "z" linking the two words (as it is between **des** and **amis**). Example of linkage *(liaison)*:

J'ai de<u>s</u> amis à Paris.
(J-eh deh-z-ah-mee-z-ah pah-ree)
I have friends in Paris.

If there is an adjective, it would also take the form of the plural ("s," usually).

Voici un restaurant italie<u>n</u> – Voici des restaurants italien<u>s</u>
Here is an Italian restaurant – Here are some Italian restaurants

When **restaurant** is used in the plural (<u>des</u> restaurant<u>s</u>), italien has to be put in the plural too (**italien<u>s</u>**).

Est-ce que vous avez <u>des</u> billets pour ce soir?
Do you have tickets for this evening?

Oui, j'ai <u>des</u> billets pour ce soir.
Yes, I have tickets for this evening/Yes, I do.

But in the negative, remember to use "**de**" (as we have seen in the preceding lesson):

Non, je n'ai pas <u>de</u> billets pour ce soir.
No, I don't have any tickets for this evening.

3. VERBES

avoir (continued from the previous lesson) to have		
j' ai	je n'ai pas	est-ce que j'ai . . . ?
tu as	tu n'as pas	as-tu . . . ?
il/elle a	il/elle n'a pas	a-t-il/a-t-elle . . . ?
vous avez (you, singular)	vous n'avez pas	avez-vous . . . ?
nous avons	nous n'avons pas	avons-nous . . .?
vous avez (you, plural)	vous n'avez pas	avez-vous . . .?
ils/elles ont	ils/elles n'ont pas	ont-ils/ont-elles . . .?

Notice that **vous** (you) can be used for addressing more than one person. The context will tell whether **vous** is meant in the singular or in the plural.

The **tu** is the familiar "you," singular, used when addressing a friend or a member of one's family.

Tu as un billet, Sylvie? Tu viens avec nous?
Do you have a ticket, Sylvie? Are you coming with us?

Now, here are examples with the subject pronouns **ils** (they, masculine), **elles** (they, feminine), and **nous** (we).

Est-ce que M. Sorel et Paul <u>ont</u> des livres? <u>Ont-ils</u> des stylos?
Do Mr Sorel and Paul have books? Do they have pens?

Mme Sorel et Sylvie <u>ont</u> des valises. <u>Elles n'ont pas</u> rendez-vous ce soir.
Mrs Sorel and Sylvie have suitcases. They don't have a meeting this evening.

Vous et moi, <u>nous avons</u> beaucoup de travail aujourd'hui.
You and I, we have a lot of work today.

Nous <u>n'avons pas</u> la clé de la valise.
We don't have the key to the suitcase.

Est-ce que nous <u>avons</u> un calendrier au bureau?
Do we have a calendar in the office?

<u>Avons</u>-nous des amis à Paris?
Do we have friends in Paris?

4. IL Y A/IL N'Y A PAS

Notice that **il y a** (which means: there is/there are) uses the verb "to have" in French.

Il y a un billet d'avion dans le sac.
There is a plane ticket in the bag.

Est-ce qu'il y a un calendrier sur le bureau?
Is there a calendar on the desk?

Non, il n'y a pas de calendrier sur le bureau.
No, there is no calendar on the desk.

Qu'est-ce qu'il y a sur le bureau?
What is there on the desk?

Sur le bureau, il y a un stylo et une clé!
On the desk there's a pen and a key!

Qu'est-ce qu'il y a dans la valise de Nathalie?
What is there in Natalie's suitcase?

5. LE PLURIEL DES ARTICLES DÉFINIS

> **le/la/l' – les**
> *(leh)*

Je prends le billet – Je prends les billets.
I am taking the ticket – I am taking the tickets.

Avons-nous la clé? – Avons-nous les clés?
Do we have the key? – Do we have the keys?

Voici l'ami italien de M. et Mme Sorel – Voici les amis italiens de M. et Mme Sorel.
Here is Mr and Mrs Sorel's Italian friend – Here are Mr and Mrs Sorel's Italian friends.

Other examples:

Dans cette valise, il y a les sweaters de Nathalie.
In this suitcase, there are/are Natalie's sweaters.

Je prends les deux billets.
I'm taking the two tickets.

6. LES PRÉPOSITIONS

> **à**
> to, at

Je vais à la banque.
I am going to the bank.

à la maison
to the house

à la poste
to the post office

Nathalie va à l'aéroport.
Natalie is going to the airport.

Vous allez à l'hôtel.
You are going to the hotel.

Paul va à l'école.
Paul is going to the school/to school.

> **à + le = au**
> to the

Je vais au théâtre.
I am going to the theater.

au bar
to the bar

au cinéma
to the movies

au parc
to the park

au restaurant
to the restaurant

au musée
to the museum

Here we use **au** because these words are masculine (**le théâtre, le cinéma, le restaurant, le bar, le parc, le musée**).

> **de (or d')**
> of, from

C'est le bureau de Monsieur Sorel.
It's Mr Sorel's desk.

Here, **de** means "of." It indicates possession or a description:

Est-ce que vous avez un billet d'avion?
Do you have a plane ticket?

Voici le numéro de téléphone.
Here is the phone number.

The following examples show **de** meaning "from":

Je reviens de l'hôtel.
I am coming back from the hotel.

M. Sorel vient de Montréal.
Mr Sorel comes from Montreal.

D'où venez-vous?
From where – Where do you come from?

The preposition **de** can also be part of an expression, such as **beaucoup de** (a lot of). Example:

Nous avons beaucoup de travail aujourd'hui.
We have a lot of work today.

> **de + le = du**
> *(dew)*
> from the, of the

Je reviens du théâtre.
I'm coming back from the
theater.

du bar
from the bar

du cinéma
from the movie house

du musée
from the museum

du restaurant
from the restaurant

du parc
from the park

As we have used **au** ("to the"), here we are using **du** because of the masculine words that follow (**le théâtre, le cinéma, le restaurant, le bar, le parc, le musée**).

Other examples of **du**:

le bureau du professeur
the desk of the teacher/the teacher's desk

le numéro du passeport
the number of the passport/the passport number

7. S'IL VOUS PLAÎT, COMPTEZ!

S'il vous plaît, comptez!
Please, count!

1	2	3	4	5
(uhng)	*(duh)*	*(trwah)*	*(kah-tr)*	*(sehng-k)*
un	**deux**	**trois**	**quatre**	**cinq**
one	two	three	four	five

6	7	8	9	10
(see-ss)	*(seh-tt)*	*(weet)*	*(nuf)*	*(dee-ss)*
six	**sept**	**huit**	**neuf**	**dix**
six	seven	eight	nine	ten

Il n'y a pas huit ou neuf pages dans ce livre!
There are not eight or nine pages in this book!

Il y a beaucoup, beaucoup de pages!
There are many, many pages!

Est-ce que cette page est la page numéro quatre?
Is this page page number four? / Is this page number four?

20	25
(vehng)	*(vehng-t-sehng-k)*
vingt	**vingt-cinq**
twenty	twenty-five

Dans le sac de Nathalie, il y a vingt-cinq francs.
In Natalie's bag, there are twenty-five francs.

8. QUELLE HEURE EST-IL?

Quelle heure est-il?
What time is it?

Il est une heure.
It is one o'clock.

Quelle heure est-il?

Il est deux heures.
It is two o'clock / it's two.

Il est deux heures cinq.
It is five past two.

deux heures dix
ten past two

Il est deux heures et quart.
It is a quarter past two.

Il est deux heures vingt.
It is twenty past two.

Il est trois heures.
It is three o'clock.

Il est deux heures et demie.
It is half past two.

Il est quatre heures moins cinq.
It is five to four.

quatre heures moins dix
ten to four

quatre heures moins le quart
a quarter to four

quatre heures moins vingt
twenty to four

quatre heures moins vingt-cinq
twenty-five to four

deux heures vingt-cinq
twenty-five past two

quatre heures
four o'clock

cinq heures
five o'clock

six heures dix
ten past six

sept heures et quart
a quarter past seven

huit heures et demie
half past eight

neuf heures moins vingt
twenty to nine

dix heures moins le quart
a quarter to ten

9. VERBES

être (continued) to be		
je suis	**je ne suis pas**	**est-ce que je suis . . . ?**
tu es	**tu n'es pas**	**es-tu . . . ?**
il/elle est	**il/elle n'est pas**	**est-il/est-elle . . . ?**
vous êtes (you, singular)	**vous n'êtes pas**	**êtes-vous . . . ?**
nous sommes	**nous ne sommes pas**	**sommes-nous . . . ?**
vous êtes (you, plural)	**vous n'êtes pas**	**êtes-vous . . . ?**
ils/elles sont	**ils/elles ne sont pas**	**sont-ils/sont-elles . . . ?**

Es-tu fatiguée, Sylvie?
Are you tired, Sylvie?

Nous ne sommes pas à Québec.
We are not in Quebec.

Bonjour, Monsieur! Bonjour, Mademoiselle! Êtes-vous Paul et Nathalie?
Hello, sir! Hello, miss! Are you Paul and Natalie?

Albert et Nathalie ne sont pas anglais. Ils sont français.
Albert and Natalie are not English. They are French.

Be careful not to confuse <u>ils sont</u> (they are) and <u>ils ont</u> (they have). There is a difference in pronunciation as well as in spelling.

Example: **Ils sont français et ils ont des passeports français.**
    They are French and they have French passports.

10. C'EST/CE SONT

C'est une maison – **Ce sont** des maisons
This is a house – These are houses

C'est le livre de Paul – **Ce sont** les livres de Paul
This is Paul's book – These are Paul's books

11. CE N'EST PAS/CE NE SONT PAS

Ce n'est pas la clé du professeur – **Ce ne sont pas** les clés du professeur
This is not the teacher's key – These are not the teacher's keys

Ce n'est pas un stylo – **Ce ne sont pas** des stylos
This is not a pen – These are not pens

Est-ce que ce sont les clés du bureau?
Are these the keys to the office?

Non, ce ne sont pas les clés du bureau.
No, they are not.

Est-ce que ce sont des boîtes de chocolats?
Are these boxes of chocolates?

Oui, ce sont des boîtes de chocolats.
Yes, these are boxes of chocolates.

12. L'ACCORD DES ADJECTIFS

L' accord des adjectifs
The agreement of adjectives

We have seen earlier that the adjective agrees in gender (masculine or feminine). And we just saw that it also agrees in number (singular or plural). Therefore, each adjective may have up to 4 different forms:

masculine singular/masculine plural/feminine singular/feminine plural

Here are the four different forms of the adjectives that we have encountered so far:

bon/bonne/bons/bonnes
good

Ce soir, il y a un <u>bon</u> film à la télévision.
Tonight, there is a good movie on television.

Il y a une <u>bonne</u> pièce de théâtre à la Comédie Française.
There is a good play at the Comédie Française.

Est-ce que les restaurants sont <u>bons</u>, dans ce quartier?
Are the restaurants good/any good, in this neighborhood?

Les réponses ne sont pas très <u>bonnes</u>.
The answers are not very good.

mauvais/mauvaise/mauvais/mauvaises
bad

Paul n'est pas un mauvai<u>s</u> garçon.
Paul is not a bad kid.

petit/petit<u>e</u>/petit<u>s</u>/petit<u>es</u>
small, little

Les amis de Paul sont peti<u>ts</u>.
Paul's friends are little.

grand/grand<u>e</u>/grand<u>s</u>/grand<u>es</u>
big, large

Quel<u>s</u> sont les grand<u>s</u> musées à Paris?
What are the large museums in Paris?

gentil/gentil<u>le</u>/gentil<u>s</u>/gentil<u>les</u>
nice, kind

Les amis de M. Sorel sont très genti<u>ls</u>.
Mr Sorel's friends are very nice.

parfait/parfait<u>e</u>/parfait<u>s</u>/parfait<u>es</u>
perfect

Cette réponse est parfaite!
This answer is perfect!

francais/francaise/francais/francaises
(frahn-say/frahn-sezz)
French

japonais/japonaise/japonais/japonaises

anglais/anglaise/anglais/anglaises

américain/américaine/américains/américaines

italien/italienne/italiens/italiennes

canadien/canadienne/canadiens/canadiennes

allemand/allemande/allemands/allemandes

espagnol/espagnole/espagnols/espagnoles

russe/russe/russes/russes

suisse/suisse/suisses/suisses

belge/belge/belges/belges

Notice that there are a few exceptions in the forming of certain masculine and/or feminine adjectives. Example:

curieux/curieuse/curieux/curieuses
curious, nosy

Les amis de Paul sont curieux.
Paul's friends are curious.

13. VERBES

aller (continued)		
to go		
je vais	je ne vais pas	est-ce que je vais . . . ?
tu vas	tu ne vas pas	vas-tu . . . ?
vous allez	vous n'allez pas	allez-vous . . . ?
(you, singular)		
il/elle va	il/elle ne va pas	va-t-il . . . ?/(va-t-elle . . . ?)
nous allons	nous n'allons pas	allons-nous . . . ?
vous allez	vous n'allez pas	allez-vous . . . ?
(you, plural)		
ils/elles vont	ils/elles ne vont pas	vont-ils . . . ?/vont-elles . . . ?

Où vas-tu ce soir, Claire?
Where are you going this evening, Claire?

Be careful not to confuse **ils vont** (they go) and **ils ont** (they have).

M. et Mme Sorel ont des passeports, mais ils ne vont pas à Tokyo.
Mr and Mrs Sorel have passports, but they are not going to Tokyo.

venir (continued)
to come

je **viens**	je ne **viens** pas	est-ce que je **viens**?
tu **viens**	tu ne **viens** pas	**viens**-tu?
vous **venez**	vous ne **venez** pas	**venez**-vous?
(you, singular)		
il / elle **vient**	il / elle ne **vient** pas	**vient**-il / **vient**-elle?
nous **venons**	nous ne **venons** pas	**venons**-nous?
vous **venez**	vous ne **venez** pas	**venez**-vous?
(you, plural)		
ils/elles **viennent**	ils/elles ne **viennent** pas	**viennent**-ils / elles?

Est-ce que tu <u>viens</u> avec nous?
Are you coming with us?

Les amis de Claire <u>viennent</u> à six heures et demie.
Claire's friends are coming at half past six.

Nous ne <u>venons</u> pas ici pour dîner mais pour travailler!
We are not coming here to have dinner but to work!

VOCABULAIRE

Mme, as in **Mme Sorel (madame Sorel)**: Mrs
M., as in **M. Sorel (monsieur Sorel)**: Mr
Mlle, as in **Mlle Caron (mademoiselle Caron)**: Miss

le téléphone: the phone
être au téléphone: to be talking on the phone

téléphoner: to telephone

Notice: **Mme Sorel téléphone <u>à</u> Sylvie**
Mrs Sorel telephones Sylvie ("to" Sylvie, in French)

Allô?: Hello? (on the phone only)

la poste: the post office
un hôtel: a hotel
un cinéma: a movie house
un bar: a bar
un parc: a park
un musée: a museum
un théâtre: a theater
une pièce de théâtre: a stage play

la maison: the house
chez Mme Sorel: Mrs Sorel's home
chez elle: at her home / at her house
chez moi: at my house
chez vous: at your house

la femme: the wife
le mari: the husband

un ami: a friend (male)
une amie: a friend (female)
un jour: a day
aujourd'hui: today
ce soir: this evening
une soirée: an evening (an outing, reception, etc.)
Bonne soirée!: Have a nice evening!

un rendez-vous: a meeting of two or more people
                         (not necessarily a date)
Quelle heure est-il?: What time is it?
maintenant: now
une heure: an hour
et demie: and a half
et quart: and a quarter
moins le quart: a quarter to . . .

un calendrier: a calendar
lundi: Monday
mardi: Tuesday
mercredi: Wednesday
jeudi: Thursday
vendredi: Friday
samedi: Saturday
dimanche: Sunday

sur: on
sur le bureau: on the desk
sur la rive gauche: on the left bank
sur la rive droite: on the right bank
gauche: left
droit: right

AUTRE VOCABULAIRE

déjà: already
vrai: true

faux: false
Eh bien?: So?
Eh bien, . . . : Well, . . .

il y a: there is/there are
il n'y a pas: there isn't/there aren't
y a-t-il . . . ? (or **est-ce qu'il y a . . . ?**): is there/are there . . . ?

gentil: nice
parfait: perfect
d'abord: firstly/in the first place
ensuite: then

dîner: to have dinner
le chocolat: chocolate

un quartier: a neighborhood
le Quartier Latin: the "Latin Quarter," in Paris

EXERCICES

1 COMPTEZ DE UN À DIX (EN FRANÇAIS, BIEN SÛR)

2 QUELLE HEURE EST-IL?

(a) a quarter to ten

(d) five twenty

(b) half past seven

(e) twenty-five to nine

(c) five to one

3 RÉPONDEZ D'APRÈS LE DIALOGUE

1. Est-ce que Mme Sorel est chez elle ou à la poste?
2. Téléphone-t-elle à M. Sorel ou à une amie?
3. Est-ce que cette amie travaille dans un bureau?
4. A-t-elle un calendrier?
5. Où est ce calendrier?
6. Est-ce que Mme Sorel a rendez-vous avec vous?
7. A-t-elle rendez-vous avec des amis?
8. Quand a-t-elle rendez-vous, jeudi soir ou vendredi soir?
9. Est-ce que les amis de M. et Mme Sorel sont gentils?
10. Y a-t-il une bonne pièce ce soir, à la Comédie Française?
11. Où est le restaurant, sur la rive droite ou sur la rive gauche?
12. À quelle heure viennent Édouard, Robert et Valérie?

COMBIEN DE LETTRES Y A-T-IL?
HOW MANY LETTERS ARE THERE?

le patron	**Ah, Martin! Vous êtes à l'heure! C'est bien, parce que nous avons beaucoup de travail aujourd'hui!**
	Ah, Martin! You are on time! That's good, because we have a lot of work today!
l'employé	**Oui, je sais. Il y a des lettres à envoyer.**
	Yes, I know. There are some letters to mail.
le patron	**Combien de lettres y a-t-il?**
	How many letters are there?
l'employé	**Il y a cent vingt-cinq lettres.**
	There are a hundred and twenty-five letters.
le patron	**Cent vingt-cinq? Oh, là là! Quel travail!**
	A hundred and twenty-five! My goodness! What a job!
l'employé	**Mais avec mon ordinateur, ça va vite. Et nous pouvons envoyer ces lettres par fax!**
	But with my computer, it goes fast. And we can send those letters by fax!

le patron	**Bon, alors asseyez-vous, et commencez à taper, voulez-vous? Avez-vous la liste des clients?** OK. Sit down then, and begin to type, will you? Do you have the list of the clients?
l'employé	**Oui. J'ai la liste et les numéros de fax.** Yes, I do. I have the list and the fax numbers.
le patron	**Très bien. Et appelez ma secrétaire, s'il vous plaît. Je ne sais pas pourquoi elle ne répond pas au téléphone.** Very good. And please, call my secretary. I don't know why she is not answering the phone.
l'employé	**Bien, monsieur, tout de suite.** Yes, sir, right away.

1. PRONONCIATION

parce que *(pahr-suh kuh)*
je sais *(j-uh seh)*
envoyer *(ehng-v-wah-yeh)*
combien *(com-bee-eng)*
y a-t-il *(ee ah-t-eel)*
cent vingt-cinq *(sahng vehng-t-sehnk)*
Oh, là là! *(oh lah lah)*
ordinateur *(or-dee-nah-ter)*
vite *(veet)*
nous pouvons *(noo poo vohng)*
ces *(seh)*
par *(pahr)*
fax *(fahx)*
asseyez-vous *(ah-seh-yeh-voo)*
commencez *(koh-mahng-seh)*
taper *(tah-peh)*
voulez-vous? *(voo-leh-voo)*
liste *(leestt)*
clients *(klee-ahng)*
appelez *(ah-puh-leh)*
ma *(mah)*
pourquoi *(pour-kwah)*
elle ne répond pas *(ell nuh reh-pohng pah)*
tout de suite *(too-d-sweett)*

2. VERBES

savoir
(sah-vwahr)
to know/to know how

je sais	je ne sais pas	est-ce que je sais . . . ?
il / elle sait	il/elle ne sait pas	sait-il/sait-elle . . . ?
nous savons	nous ne savons pas	savons-nous . . . ?
vous savez	vous ne savez pas	savez-vous . . . ?
ils/elles savent	ils/elles ne savent pas	savent-ils . . . ?

Je ne <u>sais</u> pas le numéro de téléphone de Mme Sorel.
I don't know Mrs Sorel's phone number.

<u>Sais</u>-tu où est la secrétaire?
Do you know where the secretary is?

<u>Savez</u>-vous quand Nathalie part en voyage?
Do you know when Natalie is leaving on a trip?

<u>Savons</u>-nous où est la secrétaire?
Do we know where the secretary is?

The verb **savoir** is also often used with the infinitive of another verb (the infinitive of the other verb is sometimes implied).

Est-ce que vous <u>savez compter</u> en français?
Do you know how to count in French?

Oui, je <u>sais</u>!
Yes, I know/Yes I do!

But when the verb "to know" means instead "to be acquainted with" (example: to know a person), it is translated by another verb in French: **connaître**. (We will come back to this point in a later lesson.)

pouvoir
(poo-vwahr)
can/to be able to

je peux	je ne peux pas	est-ce que je peux . . . ?
tu peux	tu ne peux pas	peux-tu . . . ?
il/elle peut	il/elle ne peut pas	peut-il/peut-elle . . . ?
nous pouvons	nous ne pouvons pas	pouvons-nous . . . ?
vous pouvez	vous ne pouvez pas	pouvez-vous . . . ?
ils/elles peuvent	ils/elles ne peuvent pas	peuvent-ils . . . ?

The verb **pouvoir** is used before the infinitive of another verb (as is often the case also with the verb **savoir** studied above).

Paul <u>peut aller</u> à l'école.
Paul can go to school.

Nous <u>pouvons prendre</u> le métro.
We can take the subway.

Est-ce que tu <u>peux venir</u> avec moi au cinéma?
Can you come with me to the movies?

Je <u>peux taper</u> la lettre sur l'ordinateur.
I can type the letter on the computer.

3. S'IL VOUS PLAÎT, COMPTEZ!

S'il vous plaît, comptez!
Please, count!

11	12	13	14	15
(ohnz)	*(dooz)*	*(trezz)*	*(kah-tohrz)*	*(kahnz)*
onze	**douze**	**treize**	**quatorze**	**quinze**
eleven	twelve	thirteen	fourteen	fifteen

16	17	18	19	20
(sezz)	*(dee-sett)*	*(dee-z-weet)*	*(dee-z-nuhf)*	*(vahng)*
seize	**dix-sept**	**dix-huit**	**dix-neuf**	**vingt**
sixteen	seventeen	eighteen	nineteen	twenty

30	40	50
(trawnt)	*(kah-rawn)*	*(sank-awnt)*
trente	**quarante**	**cinquante**
thirty	forty	fifty

60	70	80
(swah-sawnt)	*(swah-sawnt-deess)*	*(kahtr-vahng)*
soixante	**soixante-dix**	**quatre-vingts**
sixty	seventy	eighty

90	100	125
(kahtr-vahn-deess)	*(sawng)*	*(sawng vahn-t-sank)*
quatre-vingt-dix	**cent**	**cent vingt-cinq**
ninety	a hundred	a hundred and twenty-five

4. COMBIEN DE . . . ?

> combien de?
> how many, how much?

<u>Combien de</u> clés avez-vous?
How many keys do you have?

Je ne sais pas <u>combien d'</u>employés travaillent dans ce bureau.
I don't know how many employees work in this office.

<u>Combien</u> y-a t-il <u>d'</u>ordinateurs?
How many computers are there?

5. VERBES

<u>appeler</u> is a regular verb ending in "er" (same endings as other
regular verbs ending in "er", such as **travailler, voyager, étudier**).
Notice however its minor change in spelling (**appe<u>l</u>ons – appe<u>ll</u>e**):

> **appeler**
> *(ah-puh-leh)*
> to call
>
> | j' appe<u>ll</u>-e | je n'appe<u>ll</u>-e pas | est-ce que j'appe<u>ll</u>e . . . ? |
> |---|---|---|
> | tu appe<u>ll</u>-es | tu n'appe<u>ll</u>-es pas | appe<u>ll</u>es-tu . . . ? |
> | il/elle appe<u>ll</u>-e | il/elle n'appe<u>ll</u>-e pas | appe<u>ll</u>e-t-il . . . ?/ |
> | | | appe<u>ll</u>e-t-elle . . . ? |
> | nous appel-ons | nous n'appel -ons pas | appelons-nous . . . ? |
> | vous appel-ez | vous n'appel -ez pas | appelez-vous . . . ? |
> | ils appe<u>ll</u>-ent | ils n'appe<u>ll</u>-ent pas | appe<u>ll</u>ent-ils . . . ?/ |
> | | | appe<u>ll</u>ent-elles . . . ? |

Le patron <u>appelle</u> la secrétaire.
The boss is calling the secretary.

Nous <u>appelons</u> un taxi: "Taxi!"
We are calling a cab: "Taxi!"

Mme Sorel <u>n'appelle pas</u> Nathalie au téléphone.
Mrs Sorel is not calling Natalie on the phone.

taper
(tah-peh)
to type

taper is a regular verb ending in "er" (same endings as other regular verbs ending in "er," such as **travailler, voyager, étudier, appeler**).

L'employé tape une lettre pour le patron.
The employee is typing a letter for the boss.

Est-ce que vous savez taper à la machine?
Do you know how to type?

Les secrétaires tapent vite!
Secretaries type fast!

envoyer is a regular verb ending in "er," despite a minor change in spelling (**envoyons – envoie**).

envoyer
(ehng-vwah-yeh)
to send

j' envoi -e	je n'envoi-e pas	est-ce que j'envoie . . . ?
tu envoi -es	tu n'envoi-es pas	envoies-tu . . . ?
il/elle envoi -e	il/elle n'envoi-e pas	envoie-t-il . . . ?/
		envoie-t-elle . . . ?
nous envoy-ons	nous n'envoy-ons pas	envoyons-nous . . . ?
vous envoy-ez	vous n'envoy-ez pas	envoyez-vous . . . ?
ils envoi-ent	ils/elles n'envoi-ent pas	envoient-t-ils . . . ?/
		envoient-t-elles . . . ?

Est-ce que nous envoyons cette lettre par la poste?
Are we sending this letter through the post office?

Tu envoies les lettres par fax.
You are sending the letters by fax.

commencer is a regular verb ending in "er," despite a minor change in spelling (**commence** – **commençons**. The letter "ç" keeps the sound "ss" of the infinitive).

commencer *(koh-mahng-seh)* to begin/to start		
je commenc-e	je ne commenc-e pas	est-ce que je commence . . . ?
tu commenc-es	tu ne commenc-es pas	commences-tu . . . ?
il/elle commenc-e	il/elle ne commenc-e pas	commence-t-il/elle . . . ?
nous commenç-ons	nous ne commenç-ons pas	commençons-nous . . . ?
vous commenc-ez	vous ne commenc-ez pas	commencez-vous . . . ?
ils/elles commenc-ent	ils/elles ne commenc-ent pas	commencent-ils/elles . . . ?

Nous **commençons** à travailler à neuf heures.
We start working at nine.

Le film **commence** dans vingt minutes.
The movie begins in twenty minutes.

finir, the opposite of **commencer**, belongs to the second group of regular verbs: verbs ending in "ir" (the first group was "er").

finir *(fee-neer)* to finish/to end		
je fin-is	je ne fin-is pas	est-ce que je finis . . . ?
tu fin-is	tu ne fin-is pas	finis-tu . . . ?
il fin-it	il ne fin-it pas	finit-il . . . ?
nous fin-issons	nous ne fin-issons pas	finissons-nous . . . ?
vous fin-issez	vous ne fin-issez pas	finissez-vous . . . ?
ils fin-issent	ils ne fin-issent pas	finissent-ils . . . ?

Notice the "ss" in the plural persons. This is typical of most verbs ending in "ir" (called regular verbs in "ir") like **finir**.

À quelle heure **finissez**-vous au bureau?
What time do you finish at the office?

Est-ce que tu finis la lettre?
Are you finishing the letter?

But remember that a verb whose infinitive ends in "er" or "ir" can occasionally be irregular (no "ss" like **finir**!). For instance, **partir**, studied earlier in Lesson 3, is irregular: **nous partons, vous partez, ils partent.**

6. CE/CETTE/CET/CES

In Lesson 2, we saw that the demonstrative "this" (or "that") is translated in French by **ce** when the following noun is masculine (**un livre** – **ce livre**), or by **cette** when the following noun is feminine (**une maison** – **cette maison**).

It can also be translated by **cet** when the following <u>masculine</u> noun begins with a vowel (<u>**un aéroport**</u> – **cet** aéroport).

Qui est <u>cet</u> étudiant?
Who is this student?

Qui est <u>ce</u> monsieur?
Who is this gentleman?

Nathalie travaille dans une banque. <u>Cette</u> banque est à Paris.
Natalie works in a bank. That bank is in Paris.

The plural of **ce, cet** and **cette** is **ces**

Qui sont <u>ces</u> étudiants?
Who are these students?

Tu envoies <u>ces</u> lettres par fax.
You are sending these letters by fax.

Connaissez-vous cet employé? Connaissez-vous <u>ces</u> employés?
Do you know this employee? Do you know these employees?

7. L'IMPÉRATIF

S'il vous plaît, <u>commencez</u>!
Please, begin!

<u>Étudiez</u>!
Study!

<u>Appelez</u> ma secrétaire!
Call my secretary!

<u>Travaillez</u> bien!
Work hard!

<u>Venez</u> ici!
Come here!

<u>Allez</u> à la poste!
Go to the post office!

<u>Ne partez pas</u>!
Don't go!

<u>Prenez</u> un taxi!
Take a cab!

<u>Revenez</u> vite!
Come back soon!

<u>Ne répétez pas</u> la question!
Don't repeat the question!

<u>Répondez</u> à la question!
Answer the question!
[Answer to]

<u>Choisissez</u> la bonne réponse!
Choose the right answer!

What do these have in common? They are all commands! They are the command (or imperative) of the verbs:

commencer	étudier	revenir
appeler	travailler	répondre
venir	aller	répéter
partir	prendre	choisir

The imperative is the "vous"-form of the verb, but without the "vous." Example: Vous étudiez – Étudiez!

For the familiar form tu, the imperative also sounds like the verb without tu. Example: Tu viens – Viens!

For reflexive verbs (we will study them later), there is another form of imperative, as shown in our previous dialogue: Asseyez-vous! Sit down!

VOCABULAIRE

le patron: the boss
un employé: an employee (male)
une employée: an employee (female)
être à l'heure: to be on time
savoir: to know/to know how
pouvoir: can/to be able to
envoyer: to send
commencer: to begin/to start
appeler: to call
répondre: to answer
répondre au téléphone: to answer the phone
taper: to type
répéter: to repeat
choisir: to choose
une lettre: a letter
combien: how many/how much

onze: eleven
douze: twelve
treize: thirteen
quatorze: fourteen
quinze: fifteen

seize: sixteen
dix-sept: seventeen
dix-huit: eighteen
dix-neuf: nineteen
vingt: twenty
trente: thirty
quarante: forty
cinquante: fifty
soixante: sixty
soixante-dix: sixty-five
quatre-vingts: eighty
quatre-vingt-dix: ninety
cent: a hundred
cent vingt-cinq: a hundred and twenty-five

par: by/through
par fax: by fax

un fax: a fax
un ordinateur: a computer
un client: a client
le/la secrétaire: the secretary

AUTRE VOCABULAIRE

pourquoi?: why?
parce que: because

voulez-vous?: do you want – will you?/please
une liste: a list
l'impératif: the imperative
quel travail!: what a job!

vite: quickly
ça va vite: it goes quickly/it's fast

cet: this
ces: these/those

Asseyez-vous!: Sit down!

tout de suite: right away

EXERCICES

1 COMPTEZ DE DIX À VINGT

2 ÉCRIVEZ!

Write down!

23 : _vingt-trois_   64 : _____

25 : _____   70 : _____

30 : _____   80 : _____

35 : _____   90 : _____

40 : _____   100 : _____

53 : _____   122 : _____

60 : _____

3 QUELS SONT LES SEPT JOURS DE LA SEMAINE?

Répondez! Ce sont: lundi . . .

4 RÉPONDEZ D'APRÈS LE DIALOGUE

1. Est-ce que l'employé est à l'heure?
2. Est-ce que le patron et l'employé ont beaucoup de travail aujourd'hui?
3. Y a-t-il des lettres ou des boîtes à envoyer?
4. Combien de lettres y a-t-il?
5. Est-ce que l'employé envoie ces lettres par la poste?
6. Peut-il envoyer ces lettres par fax?
7. Qui commence à taper les lettres, le patron ou l'employé?
8. Y a-t-il un ordinateur dans ce bureau?
9. Est-ce qu'il y a une liste des clients?
10. Êtes-vous sur cette liste?

RÉCAPITULATION DES LEÇONS 1 À 5
RECAPITULATION OF LESSONS 1 TO 5

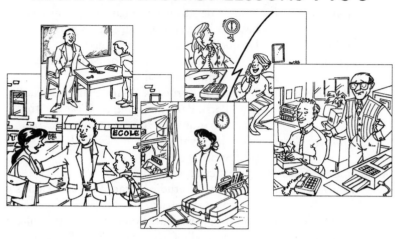

1. RELISEZ

Relisez à haute voix les dialogues 1 à 5
Read again dialogs 1 through 5 out loud

Dialogue 1 BONJOUR!

Monsieur Sorel	Bonjour, Paul!
Paul	Bonjour, monsieur! Ça va?
Monsieur Sorel	Oui, ça va bien, merci. Et vous, Paul, comment allez-vous?
Paul	Très bien, merci.
Monsieur Sorel	Une question, Paul!
Paul	Oui, monsieur?
Monsieur Sorel	Ça . . . Est-ce que c'est un stylo?
Paul	Oui, c'est un stylo.
Monsieur Sorel	Et ça? Est-ce que c'est un stylo ou une clé?
Paul	Ça, c'est une clé!
Monsieur Sorel	Bien! Et ça? Est-ce que c'est aussi une clé?
Paul	Non, monsieur. Ce n'est pas une clé!
Monsieur Sorel	Qu'est-ce que c'est?
Paul	C'est un livre! C'est un livre de français.
Monsieur Sorel	Très bien, Paul! Au revoir.
Paul	Au revoir, monsieur. À bientôt.

Dialogue 2 PRÉSENTATIONS

Monsieur Sorel	Bonjour! Je suis Thomas Sorel. Et vous, qui êtes-vous?
Mademoiselle Caron	Je suis Nathalie Caron. Je suis française. Et vous, est-ce que vous êtes français?
Monsieur Sorel	Non, je ne suis pas français. Je ne suis pas belge et je ne suis pas suisse non plus!
Mademoiselle Caron	De quelle nationalité êtes-vous?
Monsieur Sorel	Je suis canadien. Je viens de Montréal. Et vous, d'où venez-vous?
Mademoiselle Caron	Je viens de Bordeaux. Maintenant je travaille ici, à Paris, dans une banque. C'est une très grande banque. Et vous, où travaillez-vous?
Monsieur Sorel	Moi? Je travaille dans une école. Je suis professeur.
Mademoiselle Caron	Qui est ce garçon?
Monsieur Sorel	C'est Paul. Il étudie le français. Paul! Paul, s'il vous plaît, venez ici.
Paul	Bonjour, monsieur! Bonjour, mademoiselle.
Monsieur Sorel	Mademoiselle Caron, voici Paul. Paul, voici mademoiselle Caron.
Paul	Enchanté, mademoiselle!
Mademoiselle Caron	Enchantée, Paul!

Dialogue 3 NATHALIE PART EN VOYAGE

Paul	Nathalie, avez-vous un billet d'avion?
Nathalie	Oui Paul, j'ai un billet d'Air France. Il est dans le sac.
Paul	Vous avez aussi une valise, n'est-ce pas?
Nathalie	Oui, bien sûr! Je voyage avec une grande valise. Dans la valise, j'ai une jupe, un manteau, deux ou trois sweaters, etc.
Paul	Est-ce que vous avez un passeport?
Nathalie	Non, je n'ai pas de passeport, mais j'ai une carte d'identité.
Paul	Ah, bon. Et où allez-vous? À Marseille?
Nathalie	Non, je ne vais pas à Marseille. Je vais à Bordeaux.
Paul	Est-ce que vous prenez le métro, pour aller à l'aéroport?
Nathalie	Non, je prends un taxi.
Paul	Quand partez-vous? Aujourd'hui?
Nathalie	Non, non, je pars demain.
Paul	À quelle heure?
Nathalie	À trois heures. Vous êtes très curieux, Paul!
Paul	Mais vous revenez bientôt, n'est-ce pas?

Nathalie	Oui, je reviens dans une semaine. J'ai beaucoup de travail ici. C'est tout?
Paul	Oui. Bon voyage, Nathalie! À bientôt!
Nathalie	À bientôt, Paul! Travaillez bien!

Dialogue 4 QUEL JOUR EST-CE, AUJOURD'HUI?

De chez elle, Mme Claire Sorel, la femme de Thomas Sorel, téléphone à une amie.

Mme Sorel	Allô, Sylvie? Bonjour! Comment vas-tu? . . . Moi, je vais bien, merci. Je suis à la maison. Quel jour est-ce aujourd'hui? C'est jeudi, n'est-ce pas?
l'amie, au téléphone	Jeudi? Mais non, ce n'est pas jeudi! J'ai un calendrier sur mon bureau. Aujourd hui, c'est vendredi.
Mme Sorel	Vendredi? Déjà? C'est vrai.
l'amie, au téléphone	Eh bien? Qu'est-ce qu'il y a, vendredi?
Mme Sorel	Eh bien, ce soir, Thomas et moi, nous avons rendez-vous avec des amis . . . Oh, ce sont des amis du bureau. Ils sont trois: il y a Édouard, Robert et Valérie. Ils sont très gentils.
l'amie, au téléphone	C'est parfait! Où allez-vous?
Mme Sorel	D'abord, nous allons au théâtre. Tu viens avec nous?
l'amie au téléphone	Non, merci. Pas de théâtre pour moi, ce soir. Je suis fatiguée.
Mme Sorel	Il y a une très bonne pièce à la Comédie Française. Ensuite, nous allons dîner au restaurant. Ce restaurant est sur la rive gauche, dans le Quartier Latin . . . Mais quelle heure est-il, maintenant?
l'amie, au téléphone	Il est six heures. C'est bientôt l'heure de partir.
Mme Sorel	Comment? Il est déjà six heures? Les amis de Thomas viennent à six heures et demie! Au revoir, Sylvie!
l'amie, au téléphone	Au revoir, Claire! Bonne soirée.

Dialogue 5 COMBIEN DE LETTRES Y A-T-IL?

le patron	Ah, Martin! Vous êtes à l'heure! C'est bien, parce que nous avons beaucoup de travail aujourd'hui!
l'employé	Oui, je sais. Il y a des lettres à envoyer.
le patron	Combien de lettres y a-t-il?
l'employé	Il y a cent vingt-cinq lettres.

le patron	Cent vingt-cinq? Oh, là là! Quel travail!
l'employé	Mais avec mon ordinateur, ça va vite. Et nous pouvons envoyer ces lettres par fax!
le patron	Bon, alors asseyez-vous, et commencez à taper, voulez-vous? Avez-vous la liste des clients?
l'employé	Oui. J'ai la liste et les numéros de fax.
le patron	Très bien. Et appelez ma secrétaire, s'il vous plaît. Je ne sais pas pourquoi elle ne répond pas au téléphone.
l'employé	Bien, monsieur, tout de suite.

2. VOCABULAIRE SUPPLÉMENTAIRE

une récapitulation: a recapitulation
une page: a page
un dialogue: a dialog
un exercice: an exercise

une phrase: a phrase/a sentence
complétez les phrases: complete the sentences

choisissez: choose

un mot: a word
un adjectif: an adjective

masculin: masculine
féminin: feminine
singulier: singular
pluriel: plural
un article: an article
une préposition: a preposition
la prononciation: the pronunciation
approprié: appropriate

EXERCICES

1 CHOISISSEZ L'ARTICLE APPROPRIÉ: LE, LA, L' OU LES?

Exemples: <u>la</u> question
<u>les</u> clés
<u>l'</u>aéroport
<u>le</u> dialogue

1. ___ conversation

2. ___ banques

3. ___ école

4. ___ billet

5. ___ présentations	23. ___ rive gauche
6. ___ maison	24. ___ Quartier Latin
7. ___ manteau	25. ___ soirée
8. ___ jupes	26. ___ travail
9. ___ identité	27. ___ patrons
10. ___ métro	28. ___ employé
11. ___ taxis	29. ___ lettres
12. ___ heure	30. ___ ordinateur
13. ___ jour	31. ___ liste
14. ___ nuit	32. ___ numéros
15. ___ femme	33. ___ chaise
16. ___ ami	34. ___ leçons
17. ___ amie	35. ___ bureau
18. ___ amis	36. ___ secrétaires
19. ___ amies	37. ___ vocabulaire
20. ___ calendrier	38. ___ mot
21. ___ restaurants	39. ___ exercices
22. ___ Comédie Française	40. ___ prononciation

2 COMPLÉTEZ LES PHRASES

Exemples: (savoir) Je ne <u>sais</u> pas quelle heure il est.
(étudier) Nous <u>étudions</u> le français.

1. (voyager) Nathalie ne ___ pas en train.

2. (être) Les valises ___ à l'aéroport.

3. (partir) A quelle heure ___ -vous?

4. (appeler) Est-ce que j' ___ un taxi?

5. (taper) Cet employé ___ une lettre pour le patron.

6. (avoir) Les employés ___ des ordinateurs.

7. (être) Qui ___ -vous?

8. (travailler) Où ___ -vous?

9. (envoyer) S'il vous plaît, ___ la lettre par fax!

10. (aller) Où ___ -tu, Paul?

11. (venir) Est-ce que tu ___ au cinéma avec nous?

12. (finir) Le film ___ à 23h.

13. (être) Nous ne ___ pas français.

14. (pouvoir) Je ___ faire cet exercice!

15. (répondre) Est-ce que vous pouvez ___ à cette question?

16. (étudier) Avec ce livre, tu n' ___ pas l'anglais!

17. (voyager) Ces garçons ___ en train.

18. (partir) Nous ___ à huit heures.

19. (être) Tu n' ___ pas gentil, Paul!

20. (avoir) Qu'est-ce que tu ___ dans cette valise?

3 CHOISISSEZ LE MOT APPROPRIÉ

Exemple: J'étudie avec ce <u>livre</u> de français.
(stylo/billet/livre)

1. Je ne suis pas japonais, et je ne suis pas russe ___ .
(non plus/aussi/très bien)

2. De quelle ___ êtes-vous?
(clé/nationalité/heure)

3. Nathalie Caron va ___ Bordeaux.
(au/à la/à)

4. Ce monsieur n'a pas ___ carte d'identité.
(du/de la/de)

5. Qui est ___ petit garçon?
(ce/cette/ces)

6. Je voyage ___ une grande valise.
(dans/avec/pour)

7. Mon ___ est dans le sac.
(passeport/patron/amie)

8. Quelle est la ___ à cette question?
(réponse/carte d'identité/lettre)

9. Aujourd'hui, ce n'est ___ jeudi.
(bien/calendrier/pas)

10. Édouard et Robert sont très ___ .
    (gentil/gentils/gentille)

11. Il est six heures ___ demie.
    (moins/et/avec)

12. Qu'est-ce qu'il y a dans ___ boîte?
    (le/la/l')

13. J'ai beaucoup ___ travail au bureau.
    (du/de la/de)

14. Cette école, est-ce que c'est ___ école de Paul?
    (le/la/l')

15. Au revoir! À ___ !
    (bonjour/enchanté/bientôt)

QU'EST-CE QUE VOUS DÉSIREZ?

WHAT DO YOU WISH? CAN I HELP YOU?/ WHAT WILL IT BE?

C'est dimanche matin. Il est dix heures. Nathalie et un ami, Albert, sont assis à la terrasse d'un café. Ils prennent le petit déjeuner.
It's Sunday morning. It is ten o'clock. Natalie and a friend, Albert, are seated on the terrace of a sidewalk café. They are having breakfast.

le serveur   **Bonjour, monsieur. Bonjour, mademoiselle. Vous désirez?**
            Good morning. What will it be?

Albert   **Bonjour. Pour moi, un café au lait et un croissant, s'il vous plaît.**
            Hi! For me, coffee with milk and a croissant, please.

le serveur   **Et pour vous, mademoiselle?**
            And for you, miss?

Nathalie   **Moi, je voudrais un thé au citron, une tartine de pain beurré, une brioche, et de la confiture.**
            I would like tea with lemon, a slice of bread and butter, a brioche, and some jam.

Albert	**Qu'est-ce que tu fais cet après-midi, Nathalie?** What are you doing this afternoon, Natalie?
Nathalie	**Rien de spécial. Et toi?** Nothing special. And you?
Albert	**Moi non plus. Rien. Il y a un cinéma dans le quartier.** **On y va? Justement, il y a un nouveau film.** Me neither. Nothing. There is a movie house in the neighborhood. Shall we go? Luckily, there is a new movie.
Nathalie	**D'accord. Tu sais à quelle heure ça commence?** OK. Do you know at what time it begins?
Albert	**Oui, à quatorze heures trente. En attendant, on peut** **aller se promener au marché aux puces. C'est toujours** **intéressant.** Yes, at 2:30. Meanwhile, we can go and wander in the flea market. It's always interesting.
Nathalie	**Bonne idée! On y va tout de suite après le petit déjeuner?** Good idea! Shall we go (there) right after breakfast?
Albert	**Oui, pourquoi pas? Ah, voici le garçon, avec notre** **commande! Merci, monsieur. Est-ce que je peux vous** **payer tout de suite?** Yes, why not? Here is the waiter with our order. Thank you. Can I pay you right now?
le serveur	**Bien sûr, monsieur. Voici l'addition. Ça fait trente-cinq** **francs.** Of course. Here is the check. It's thirty-five francs.

1. PRONONCIATION

matin *(mah-tehng)*
Albert *(Ahl-bear)*
sont assis *(sohnt-ah-see)*
terrasse *(teh-rah-ss)*
café *(kah-feh)*
ils prennent *(eel prenn)*
déjeuner *(deh-juh-neh)*
lait *(leh)*
croissant *(krwah-sahng)*
je voudrais *(j-uh voo-dreh)*
thé au citron *(teh oh see-trohng)*
tartine *(tahr-teen)*

pain beurré *(pehng buh-reh)*
brioche *(bree-oh-shh)*
confiture *(kohng-fee-tew-rr)*
fais *(feh)*
cet *(sett)*
après-midi *(ah-preh mee-dee)*
rien *(ree-ehng)*
spécial *(speh-see-ahl)*
moi *(m-whah)*
toi *(t-whah)*
quartier *(car-tee-eh)*
justement *(j-ewss-tuh-mahng)*
nouveau *(noo-voh)*
film *(feelm)*
on *(ohng)*
On y va *(ohn-nee vah)*
Nous y allons *(noo-z-ee ah-lohng)*
en attendant *(ahn-nah-tehng-dahng)*
se promener *(suh proh-muh-neh)*
marché aux puces *(mahr-sheh oh pew-ss)*
intéressant *(ehng-teh-reh-sahng)*
bonne idée! *(bohn-nee-deh)*
notre commande *(noh-trr koh-mahndd)*
payer *(peh-yeh)*
addition *(ah-dee-see-ohng)*
ça fait *(sah feh)*
francs *(frahng)*

2. VERBES

faire		
to do/to make		
je fais	je ne fais pas	est-ce que je fais?
tu fais	tu ne fais pas	fais-tu?
il/elle fait	il/elle ne fait pas	fait-il/elle?
nous faisons	nous ne faisons pas	faisons-nous?
vous faites	vous ne faites pas	faites-vous?
ils/elles font	ils/elles ne font pas	font-ils?

fais/fait *(feh)*
on *(ohng)*
faites *(fett)*
font *(fohng)*

Je fais mon travail sur l'ordinateur.
I do my work on the computer.

Les étudiants font des exercices de français.
The students are doing French exercises.

Qu'est-ce que vous faites ce soir?
What are you doing this evening?

Ça fait trente-cinq francs.
It makes/It is thirty-five francs.

Nous allons faire un voyage.
We're going to make/to take a trip.

On ne va pas faire ce voyage en taxi!
We're not going to make this trip by taxi!

3. LE PRONOM SUJET "ON"

Le pronom sujet "on"
The subject pronoun "on"

The last example in the above section shows that **nous** and **on** often have the same meaning ("we," "us people.") However, **on** always uses the third person <u>singular</u> of the verb. Examples:

On va au cinéma = Nous allons au cinéma.
We are going to the movies.

On ne part pas = Nous ne partons pas.
We are not leaving.

Est-ce qu'on étudie l'italien? = Est-ce que nous étudions l'italien?
Do we study Italian?

4. VERBES

prendre (continued) to take		
je prends	je ne prends pas	est-ce que je prends . . . ?
tu prends	tu ne prends pas	prends-tu . . . ?
il/elle/on prend	il/elle/on ne prend pas	prend-il/elle/on . . . ?
nous prenons	nous ne prenons pas	prenons-nous . . . ?
vous prenez	vous ne prenez pas	prenez-vous?
ils/elles prennent	ils/elles ne prennent pas	prennent-ils/elles . . . ?

prenons *(pruh-nohng)*
prennent *(prenn)*

Est-ce que tu <u>prends</u> l'autobus?
Are you taking the bus?

Albert et Nathalie ne <u>prennent</u> pas le petit déjeuner au bureau.
Albert and Natalie don't have breakfast at the office.

Nous <u>prenons</u> des croissants?
Are we having croissants?

Qu'est-ce qu'on <u>prend</u>, du thé ou du café?
What are we having, tea or coffee?

5. L'ARTICLE PARTITIF

L'article partitif
The partitive article

In the last example, **<u>du thé</u>** is simply translated by "tea" in English.
Likewise, in the dialog, **<u>de la confiture</u>** can be translated by "jam" as
well as by "some jam". While the English language often uses a noun
by itself ("tea, "jam"), the French language always uses an <u>article</u>
with that noun:

<u>du</u> thé (because **<u>thé</u>** is masculine),

<u>de la</u> confiture (because **<u>confiture</u>** is feminine).

The articles **<u>du</u>** and **<u>de la</u>**, expressing "part" of something, are called
partitive articles.

Examples: **Nathalie prend <u>de la</u> confiture.**
    Natalie takes some jam.

       Je prends <u>du</u> lait.
       I take milk.

       Au bureau, l'employé a <u>du</u> travail.
       At the office, the employee has work to do.

       Je voudrais <u>du</u> pain, s'il vous plaît.
       I would like some bread, please.

6. JE VOUDRAIS . . .

Je voudrais . . .
I would like

<u>Je voudrais</u> is the polite way of asking for something.

Examples: **S'il vous plaît, <u>je voudrais</u> un thé au citron.**
Please, I would like tea with lemon.

<u>Je voudrais</u> deux croissants.
I would like two croissants.

<u>Je voudrais</u> comes from the verb <u>vouloir</u> (to want), whose present tense will be studied in lesson 8.

7. TOI ET MOI

Toi et moi
You (familiar) and me

These pronouns are used:

– to emphasize the subjects <u>je</u> and <u>tu</u>

<u>Moi, je</u> ne mange pas de pain!
<u>I</u> do not eat bread!

<u>Toi</u>, Paul, <u>tu</u> es très curieux!
You, Paul, are very nosy!

– after prepositions (such as <u>avec</u>, <u>et</u>, <u>pour</u>, etc.)

<u>Pour</u> moi, un café au lait! <u>Et</u> toi?
For me, coffee with milk! And you?

Vous venez <u>avec</u> moi au cinéma?
Are you coming with me to the movies?

8. IL EST TREIZE HEURES

Il est une heure de l'après-midi = Il est <u>treize</u> heures.
It is one o'clock in the afternoon = It is 1 p.m.

treize heures (13h) = une heure (1h) de l'après-midi
quatorze heures (14h) = deux heures (2h) de l'après-midi
quinze heures (15h) = trois heures (3h) de l'après-midi, etc.

dix-neuf heures (19h) = sept heures (7h) du soir
vingt heures quinze (20h15) = huit heures et quart (8h15) du soir
vingt-et-une heures trente (21h30) = neuf heures et demie (9h30) du soir, etc.

Examples: **Le film commence à <u>14h30</u>, et il finit à <u>16h30</u>.**
The movie begins at 2:30 p.m., and it ends at 4:30 p.m.

Ce train part à <u>23h15</u>.
This train leaves at 11:15 p.m.

9. LE PRONOM "Y"

This unique pronoun can replace any <u>location</u> previously mentioned in the conversation. In a typical sentence (subject + verb + object), the pronoun **y** is placed just before the verb.

Examples: **Nous allons <u>au cinéma</u>. Nous y allons avec Albert.**
We are going to the movies. We are going (there) with Albert.

Je travaille <u>dans une banque</u>. J'y travaille beaucoup!
I work in a bank. I work a lot there.

Est-ce que les croissants sont <u>sur la table</u>?
Are the croissants on the table?

Oui, ils y sont.
Yes, they are (there/here).

Non, ils n'y sont pas.
No, they are not (there/here).

Note, in the last example, that in the negative, "y" is still placed <u>before the verb, but after "n'."</u>

10. LES CONTRAIRES

We already know some opposites:

oui	non	aussi	non plus
le matin	le soir	commencer	finir
grand	petit	aller	venir
vrai	faux	beaucoup	peu
bon	mauvais	pourquoi?	parce que?

Here are the opposites of words that appear in our last dialog:

assis	<u>debout</u>	sur	<u>sous</u>	rien	<u>quelque chose</u>
seated	standing	on	under	nothing	something

toujours	jamais	après	avant
always	never	after	before

Examples: **Le serveur est <u>debout</u>.**
The waiter is standing.

<u>Sur</u> cette table, il y a <u>quelque chose</u>: du thé et du café!
On this table there is something: some tea and coffee!

VOCABULAIRE

assis/assise/assis/assises: seated
la terrasse: the terrace
la terrasse d'un café: the café terrace

le petit déjeuner: breakfast
prendre le petit déjeuner: to eat breakfast
un café au lait: a coffee with milk
un café noir: a black coffee
le lait: milk
un croissant: a croissant
une brioche: a brioche
un thé: tea
un thé au citron: lemon tea
un citron: a lemon
un thé au lait: tea with milk
une tartine: a slice
le pain: bread
beurre: butter
une tartine de pain beurré: a slice of buttered bread
la confiture: jam

désirer: to want
payer: to pay/to pay for . . .
se promener: to walk

je voudrais: I'd like
en attendant: while waiting

une commande: an order
une addition: a check (at a restaurant, a bar, etc.)

spécial/spéciale/spéciaux/spéciales: special
intéressant/intéressante/intéressants/intéressantes: interesting

un film: a movie
un marché: a market
le marché aux puces: the flea market

une idée: an idea
Bonne idée!: Good idea!

AUTRE VOCABULAIRE

avec toi: with you
pour moi: for me
toi et moi: you and me

alors: then

rien: nothing

y: there/here

d'accord: OK/agreed
pourquoi pas?: why not?

notre: our

après: after
avant: before

toujours: always
jamais: never

EXERCICES

1 RÉPONDEZ D'APRÈS LE DIALOGUE

1. Où sont assis Albert et Nathalie?

2. Que prend Albert?

3. Que prend Nathalie?

4. Est-ce qu'il y a un cinéma dans le quartier où ils sont?

5. Est-ce qu'Albert sait à quelle heure commence le film?

6. À quelle heure commence-t-il?

7. Est-ce que le marché aux puces est intéressant?

8. Est-ce qu'Albert paie l'addition?

9. À qui Albert paie-t-il l'addition?

10. Où vont Albert et Nathalie, tout de suite après le petit déjeuner?

2 QUELLE HEURE EST-IL?

Exemple: Il est quinze heures trente, ou _trois heures et demie_.

1. Il est dix-huit heures quarante-cinq, ou _____.

2. Il est vingt-deux heures quinze, ou _____.

3. Il est dix-sept heures vingt-cinq, ou _____.

4. Il est treize heures trente, ou _____.

5. Il est seize heures quarante-cinq, ou _____.

3 COMPLÉTEZ AVEC L'ARTICLE PARTITIF <u>DU</u> OU <u>DE LA</u>

Exemple: Voulez-vous <u>du</u> café?

1. Je voudrais ___ lait.

2. Est-ce que vous avez ___ citron, s'il vous plaît?

3. Il y a ___ confiture sur le pain.

4. Le matin, nous prenons toujours ___ thé.

5. Paul ne peut pas sortir parce qu'il a ___ travail.

4 COMPLÉTEZ LES PHRASES AVEC LE CONTRAIRE DES MOTS SOULIGNÉS

Complete the sentences with the opposite of the underlined words.

Exemple: Je ne vais pas au bureau <u>le soir</u>, mais <u>le matin</u>.

1. L'étudiant n'est pas <u>debout</u>, il est ___ .

2. Nathalie ne prend <u>jamais</u> de café, elle prend ___ du thé.

3. Ce n'est pas <u>vrai</u>, c'est ___ !

4. La pièce de théâtre <u>commence</u> à 20h et ___ à 22h.

5. Monsieur Sorel voyage <u>peu</u>, mais il travaille ___ .

6. Le calendrier n'est pas <u>sous</u> le bureau, mais ___ le bureau!

7. Ce café est très <u>mauvais</u>! Avez-vous du ___ café?

8. La lettre B n'est pas <u>avant</u> la lettre A, mais ___ !

5 UTILISEZ LE PRONOM "Y"

Use the pronoun "y"

Exemple: Albert et Nathalie vont <u>au cinéma</u> = <u>Albert et Nathalie y vont</u>.

1. Nous allons <u>à la banque</u> = _____.

2. Je ne vais pas <u>à l'aéroport</u> = _____.

3. Mme Sorel prend le petit déjeuner <u>chez elle</u> = _____.

4. Sylvie travaille <u>au bureau</u> = _____.

5. Paul est <u>à l'école</u> = _____.

LEÇON 8

AVEZ-VOUS UNE RÉSERVATION?

DO YOU HAVE A RESERVATION?

Aujourd'hui, monsieur Sorel est dans la ville de Lyon. Il va à l'Hôtel du Centre, où il a une réservation pour la nuit. Maintenant, il parle à la réceptionniste de l'hôtel.
Today, Mr Sorel is in the city of Lyons. He is going to the Hotel du Centre, where he has a reservation for the night. Now, he is talking to the receptionist of the hotel.

M. Sorel **Bonjour, mademoiselle. J'ai une réservation.**
Good morning. I have a reservation.

la réceptionniste **Bonjour, monsieur. C'est à quel nom, s'il vous plaît?**
Good morning. In what name is it, please?

M. Sorel **Au nom de Thomas Sorel.**
In the name of Thomas Sorel.

la réceptionniste **Ah, oui, voilà! Une réservation pour une personne, n'est-ce pas?**
Oh, yes, here it is! A reservation for one person, is that right?

M. Sorel	Oui, et pour une nuit. Je pars demain, avant midi.
	Yes, and for one night. I'll check out tomorrow, before noon.
la réceptionniste	Bien, monsieur. Voulez-vous remplir cette fiche, s'il vous plaît? Avez-vous des bagages? Vous pouvez donner vos valises au porteur.
	Very well. Will you fill out this card, please? Do you have any luggage? You can give your suitcases to the porter.
M. Sorel	Non, merci. J'ai seulement cette petite valise. À quel étage est la chambre?
	No, thank you. I only have this small suitcase. On what floor is the room?
la réceptionniste	Au troisième étage, monsieur. Vous pouvez prendre l'ascenseur.
	On the fourth floor*. You may take the elevator.
M. Sorel	Merci. Est-ce que je peux donner un coup de téléphone de ma chambre?
	Thank you. Can I make a phone call from my room?
la réceptionniste	Mais naturellement, monsieur. Voici la clé de votre chambre. C'est la chambre numéro 17.
	But of course. Here is the key to your room. It's room 17.
M. Sorel	Merci. Jusqu'à quelle heure servez-vous le petit déjeuner?
	Thank you. Until what time do you serve breakfast?
la réceptionniste	Jusqu'à dix heures, monsieur, dans la salle à manger du rez-de chaussée.
	Until ten o'clock, in the first floor* dining room.
M. Sorel	Merci, mademoiselle.
	Thank you.
la réceptionniste	Je vous en prie. Au revoir, monsieur.
	You are welcome. Good bye, Mr Sorel.

*The first floor has a special name in French: it is called "le rez-de-chaussée."
Therefore, the second floor is called "le premier étage," the third floor is "le deuxième étage," the fourth floor is "le troisième étage" and so on.

1. PRONONCIATION

ville *(vee-l)*
Lyon *(lee-ohng)*
centre *(sahng-trr)*
réservation *(reh-zair-vah-see-ohng)*
nuit *(newee)*
parle *(pahr-l)*
réceptionniste *(reh-sepp-see-oh-neestt)*
nom *(nohng)*
personne *(pehr-sohnn)*
remplir *(rahng-pleerr)*
fiche *(fee-shh)*
bagages *(bahg-ahjj)*
donner *(doh-neh)*
porteur *(pohr-tuhr)*
seulement *(suh-luh-mahng)*
étage *(eh-tahjj)*
chambre *(shan-brr)*
troisième *(trwah-zee-emm)*
ascenseur *(ah-sahng-surr)*
votre *(voh-trr)*
numéro *(new-meh-roh)*
coup de téléphone *(coo duh teh-leh-fonn)*
ma *(mah)*
naturellement *(nah-tew-rel-mahng)*
jusqu'à *(jewss-kah)*
servez *(sehr-veh)*
salle à manger *(sahl ah mahn-j-eh)*
rez-de-chaussée *(reh duh shoh-seh)*
je vous en prie *(juh voo-z-enhg pree)*

2. LES ADJECTIFS POSSESSIFS

Possessive adjectives (my, your, his, etc.), like other adjectives, agree in gender and number with the noun they modify (the possessed object):

mon passeport (because passeport is masculine you say **un passeport**)
ma valise (because valise is feminine you say **une valise**)
mes amis (because here, **amis** has an "s" at the end, and therefore is plural)

Examples: **Je prends mon petit déjeuner dans ma chambre.**
I am having breakfast in my room.

Mes valises sont à l'aéroport.
My suitcases are at the airport.

Notice the difference with English, where possessive adjectives indicate only the possessor (my breakfast, my room, my suitcases).

ton passeport *(tohng)*
ta valise *(tah)*
tes amis *(teh)*

son passeport = le passeport de Thomas/le passeport de Nathalie
sa valise = la valise de Thomas/la valise de Nathalie
ses amis = les amis de Thomas/les amis de Nathalie

Examples: **Où est la chambre de Thomas? Sa chambre est au troisième étage.**
Where is Thomas's room? His room is on the fourth floor.

Où est le livre de Nathalie? Son livre est chez elle.
Where is Natalie's book? Her book is at home.

Où sont les valises de Thomas? Ses valises sont à l'aéroport.
Where are Thomas's suitcases? His suitcases are at the airport.

notre passeport *(noh-trr)*
notre valise *(noh-trr)*
nos amis *(noh.* Here, *noh-z-ahmee)*

votre passeport *(voh-trr)*
votre valise *(voh-trr)*
vos papiers *(voh)*

leur passeport *(luhr)*
leur valise *(luhr)*
leurs amis *(luhr)*

Examples: **Les étudiants travaillent. Leur professeur fait la classe.**
The students are working. Their teacher gives the lesson.

À la maison, les étudiants travaillent avec leurs livres.
At home, the students work with their books.

---

vouloir
to want

je veux *(vuh)*   nous voulons *(voo-lohng)*
tu veux *(vuh)*   vous voulez *(voo-leh)*
il veut *(vuh)*   ils veulent *(vuh-l)*

Examples: **M. Sorel veut une chambre pour la nuit.**
Mr Sorel wants a room for the night.

Et toi, qu'est que tu veux?
And you, what do you want?

Albert et Nathalie veulent des croissants.
Albert and Natalie want some croissants.

Vouloir, like **savoir** (to know how) and **pouvoir** (to be able to), is often followed by an infinitive.

Examples: **On veut étudier.**
We want to study.

Vous ne voulez pas partir.
You don't want to leave.

---

remplir
to fill

je rempl-is *(rahng-plee)*   nous rempl-issons *(rahng-plee-sohng)*
tu rempl-is *(rahng-plee)*   vous rempl-issez *(rahng-plee-seh)*
il rempl-it *(rahng-plee)*   ils rempl-issent *(rahng-plee-ss)*

This verb is, like **finir**, a regular verb of the second group (ending in "ir"). See **finir** earlier, in Lesson 5.

Examples: **Remplissez-vous la fiche de l'hôtel avec votre stylo?**
Do you fill out the hotel form with your pen?

Remember that a verb whose infinitive ends in "ir" can be irregular (no "ss" in the plural persons, as **finir** or **remplir** have!). For instance, **partir**, studied earlier in Lesson 3, is irregular: **nous partons, vous partez, ils partent.**

> **servir**
> to serve
>
> | | |
> |---|---|
> | je sers *(sehr)* | nous servons |
> | tu sers *(sehr)* | vous servez |
> | il sert *(sehr)* | ils servent *(sehr-v)* |

Examples: **Le serveur sert du thé.**
The waiter is serving tea.

On ne sert pas le petit déjeuner jusqu'à midi!
We don't serve breakfast until noon!

4. PREMIER/DEUXIÈME/TROISIÈME, ETC.

Premier, deuxième, troisième, etc.
First, second, third, etc.

Etudions-nous la leçon numéro trois – la troisième leçon?
Are we studying lesson number 3 – the third lesson?

Non, nous étudions la leçon numéro huit – la huitième leçon!

1	(un)	premier/première
2	(deux)	deuxième
3	(trois)	troisième
4	(quatre)	quatrième
5	(cinq)	cinquième
6	(six)	sixième
7	(sept)	septième
8	(huit)	huitième
9	(neuf)	neuvième
10	(dix)	dixième
etc.		

5. VERBES

> **parler**
> to speak/talk
>
> | | |
> |---|---|
> | je parl-e | nous parl-ons |
> | tu parl-es *(pahr-l. The "s" is silent)* | vous parl-ez |
> | il parl-e | ils parl-ent |

Parlons-nous français?
Do we speak French?

Ici, on ne parle pas anglais.
Here, we don't speak English.

donner
to give

je donn-e	**nous donn-ons**
tu donn-es (*dohn*. The "s" is silent)	**vous donn-ez**
il donn-e	**ils donn-ent**

M. Sorel ne donne pas sa valise au porteur.
Mr Sorel does not give his suitcase to the porter.

Je donne un coup de téléphone à mes amis.
I'm calling my friends [I'm giving a phone].

Therefore, **parler** and **donner** are regular verbs of the first group (ending in "er"), like **travailler**, **étudier** or **taper**, that we have studied earlier.

VOCABULAIRE

une ville: a town
le centre: the center

parler: to talk
une réservation: a reservation
une personne: a person
le nom: the name

une chambre: a room
jusqu'à: until
la nuit: the night

la réceptionniste: the receptionist
remplir: to fill (out)
une fiche: a form

les bagages: luggage
une valise: a suitcase
donner: to give
un porteur: a porter

un étage: a floor, story
troisième: third
le rez-de-chaussée: first floor
un ascenseur: a lift

le numéro: number
un coup de téléphone: a telephone call

servir: to serve
la salle à manger: the dining room

AUTRE VOCABULAIRE

seulement: only
naturellement: naturally
je vous en prie: you are welcome

ma: my (feminine, singular)
votre: your (masculine/feminine, singular)
vos: your (masculine/feminine, plural)

EXERCICES

1 RÉPONDEZ D'APRÈS LE DIALOGUE

1. Dans quelle ville est M. Sorel aujourd'hui?

2. A-t-il une réservation pour une nuit ou pour deux nuits?

3. À qui parle-t-il?

4. Est-ce que M. Sorel remplit une fiche?

5. Combien de valises a-t-il?

6. Veut-il prendre un porteur?

7. La chambre 17 est-elle au rez-de-chaussée?

8. Est-ce qu'il y a un ascenseur dans cet hôtel?

9. Qu'est-ce que la réceptionniste donne à M. Sorel?

10. Où sert-on le petit déjeuner?

11. Est-ce que M. Sorel veut donner un coup de téléphone de sa chambre?

12. Dans cet hôtel, jusqu'à quelle heure servent-ils le petit déjeuner?

2 COMPLÉTEZ AVEC L'ADJECTIF POSSESSIF APPROPRIÉ, SELON L'EXEMPLE

Exemples: J'ai <u>mon</u> billet, <u>ma</u> carte d'identité et <u>mes</u> clés.
Albert a <u>son</u> café au lait et <u>son</u> croissant.

1. Tu as __ stylo et __ livres, Paul?

2. Mlle Caron a __ thé et __ confiture.

3. Nous avons __ valises et __ taxi!

4. Vous avez __ ordinateur et __ lettres à taper.

5. Albert et Nathalie prennent __ petit déjeuner.

3 COMPLÉTEZ SELON L'EXEMPLE

Exemple: La page numéro 6 est <u>la sixième page</u>.

1. La leçon numéro 1 est _____.

2. La question numéro 7 est _____.

3. Le dialogue numéro 1 est _____.

4. La réponse numéro 15 est _____.

5. Le billet numéro 20 est _____.

IL FAUT ALLER À LA POSTE

IT IS NECESSARY TO GO TO
THE POST OFFICE

Paul **Je voudrais un timbre pour une carte sans enveloppe.**
I would like one stamp for a postcard without envelope.

l'employée de poste **C'est pour la France?**
Is it for France?

Paul **Oui. J'ai aussi deux lettres à envoyer: celle-ci est pour l'Angleterre, et celle-là pour les États-Unis. Pourriez-vous les peser, s'il vous plaît? Il faut les affranchir.**
Yes, it is. I also have two letters to send: this one is for England, and that one for the United States. Could you weigh them (for me) please? They need stamping.

L'employée prend les lettres. Elle les met sur une petite balance, et donne ensuite à Paul les timbres nécessaires.
The employee takes the letters. She puts them on a small scale, and then gives Paul the necessary stamps.

l'employée	**Voilà. Celui-ci est pour l'Europe. Celui-là est pour les États-Unis.**
	Here you are. This one is for Europe. That one is for the United States.
Paul	**Merci. Et je voudrais envoyer un colis à Montréal. Est-ce que ça met longtemps, par avion?**
	Thank you. And I would like to send a parcel to Montreal. Does it take long, by plane?
l'employée	**Ça met une semaine, plus ou moins. Quand il y a des jours fériés, ça met un peu plus longtemps.**
	It takes a week, more or less. When there are holidays, it takes a little longer.
Paul	**Bien, le voici.**
	OK. Here it is.
l'employée	**Il faut remplir cette fiche. Tenez!**
	You have to fill out this form. Here.
Paul	**Merci.**
	Thanks.
l'employée	**Écrivez ici le nom et l'adresse de l'expediteur et du destinataire.**
	Write here the name and address of the sender and the addressee.
Paul	**Bien. Voilà! J'espère qu'on peut lire. Il n'y a pas beaucoup de place sur ce papier.**
	All right. There! I hope you can read it. There isn't a lot of space on this paper.
l'employée	**Voyons . . . Mais oui, c'est très lisible.**
	Let's see . . . Oh, sure, it's completely legible.
Paul	**Que faut-il écrire sur cette ligne?**
	What do you have to write on this line?
l'employée	**Là, il faut indiquer le contenu du colis. Et il faut dire quelle est sa valeur approximative.**
	There you must indicate the contents of the parcel. And you must say what its approximate value is.
Paul	**Bon. Et voilà! Avec les timbres, ça fait combien?**
	OK. That's it. With the stamps, how much is that?

l'employée	**En tout, ça fait cent dix-huit francs et cinquante centimes. Hum . . . si vous avez de la petite monnaie, ça m'arrange.**
	Altogether that's a hundred and eighteen francs and fifty centimes. If you have small change, it will help (me).
Paul	**Attendez, je vais voir.**
	Wait, I'll see.

1. PRONONCIATION

poste *(poh-stt)*
timbre *(tehng-brr)*
carte postale *(cartt poh-stahl)*
sans *(sahng)*
enveloppe *(ahng-vuh-lohpp)*
celle-ci *(sell-see)*
l'Angleterre *(l-ahng-gluh-tehr)*
les États-Unis *(leh-z-ehtah-z-ewnee)*
l'Europe *(l-uh-roh-pp)*
pourriez-vous *(poo-ree-eh voo)*
peser *(puh-zeh)*
il faut *(eel foe)*
affranchir *(ah-frahng-sheerr)*
met *(meh)*
balance *(bah-lahnss)*
nécessaires *(neh-seh-say-rr)*
celui-là *(suh-lewee-lah)*
colis *(coh-lee)*
met *(meh)*
par *(pahr)*
avion *(ah-vee-ohng)*
plus ou moins *(plew-z-oo-moehng)*
quand *(kahng)*
fériés *(feh-ree-eh)*
tenez *(tuh-neh)*
écrivez *(eh-kree-veh)*
adresse *(ah-dreh-ss)*
expéditeur *(ex-peh-dee-tur)*
destinataire *(dehss-tee-nah-tehr)*
j'espère *(j-espeh-rr)*
lire *(lee-rr)*
place *(plah-ss)*

papier *(pah-pee-eh)*
voyons *(v-wha-ee-ohng)*
lisible *(lee-zee-bl)*
ligne *(lee-nn)*
là *(lah)*
indiquer *(ihng-dee-keh)*
contenu *(kohng-tuh-new)*
dire *(dee-rr)*
valeur *(vah-lur)*
approximative *(ah-proh-xee-mah-tee-v)*
en tout *(ahng too)*
centimes *(sahng-tee-mm)*
si *(see)*
monnaie *(moh-neh)*
ça m'arrange *(sah mah-rahnjj)*
attendez *(ah-tahng-deh)*
voir *(v-whar)*

2. IL FAUT

Il faut
It is necessary to

Il faut is an impersonal expression (no conjugation). It is followed by an infinitive:

Il faut affranchir les lettres.
It is necessary to stamp the letters.

Il ne faut pas prendre cette enveloppe!
You mustn't take this envelope.

Faut-il remplir une fiche?
Must one fill out a form?

Il faut écrire l'adresse sur le papier.
You have to write the address on the paper.

Il faut indiquer le contenu du colis.
It is necessary to indicate the content of the parcel.

Il faut can also be followed by a noun:

Pour écrire, il faut un stylo.
In order to write, one needs a pen.

3. VERBES

mettre to put	
je mets *(meh)*	nous mettons *(mett-ohng)*
tu mets *(meh)*	vous mettez *(mett-eh)*
il met *(meh)*	ils mettent *(mett)*

Examples: **L'employée <u>met</u> le colis sur la balance.**
The employee puts the parcel on the scale.

<u>Mettons</u>-nous ces lettres à la poste?
Do we mail these letters?

Par avion, ça <u>met</u> une semaine.
By plane, it takes a week.

4. LES PRONOMS D'OBJET DIRECT

Les pronoms d'objet direct
The direct object pronouns (I take it, I see her, etc.)

Je prends <u>le timbre</u> = Je <u>le</u> prends (here, <u>le</u> stands for **le timbre**).
I take the stamp   I take it.

Je prends <u>la lettre</u> = Je <u>la</u> prends (here, <u>la</u> stands for **la lettre**).
I take the letter   I take it.

Both le and la become l' when the verb begins with a vowel:
J'étudie la leçon = Je <u>l</u>'étudie.

Je prends <u>les papiers</u> = Je <u>les</u> prends (here, **les** stands for **les papiers**).
I take the papers   I take them.

Here are other examples of direct object replaced by pronouns.
Notice how, in French, the direct object pronoun is placed <u>before</u> the verb.

Je connais M. et Mme Sorel = Je <u>les</u> connais.
I know Mr and Mrs Sorel   I know them.

Je ne connais pas <u>Édouard</u> = Je ne <u>le</u> connais pas.
I don't know Edward   I don't know him.

Connaissez-vous <u>Sylvie</u>? = <u>La</u> connaissez-vous?
Do you know Sylvie?   Do you know her?

Paul, je te connais bien!
Paul, I know you well!

Vous écrivez une lettre, et vous l'envoyez!
You write a letter, and you send it!

Qui nous appelle?
Who is calling us?

Est-ce que je peux vous payer demain?
Can I pay you tomorrow?

Où est le patron? Ah, le voici!
Where is the boss? Here he is!

Ça m'arrange
That suits me/It's better for me

5. VERBES

dire	
to say	
je dis *(dee)*	nous disons *(dee-zohng)*
tu dis *(dee)*	vous dites *(dee-tt)*
il dit *(dee)*	ils disent *(dee-zz)*

Examples: **Paul dit quelle est la valeur du colis.**
Paul says what the value of the parcel is.

Qu'est-ce que vous dites?
What are you saying?

Notice that we say **je dis bonjour**, but **je parle français**.
            I say hello   I speak French

Another irregular verb:

lire	
to read	
je lis *(lee)*	nous lisons *(lee-zohng)*
tu lis *(lee)*	vous lisez *(lee-zeh)*
il lit *(lee)*	ils lisent *(lee-z)*

Examples: **Qu'est-ce que vous <u>lisez</u> maintenant?**
What are you reading now?

Pouvez-vous <u>lire</u> cette ligne?
Can you read this line?

Another irregular verb:

écrire	
to write	
j' écris *(jeh-kree)*	**nous écrivons** *(noo-z-eh-kree-vohng)*
tu écris *(eh-kree)*	**vous écrivez** *(voo-z-eh-kree-veh)*
il écrit *(eh-kree)*	**ils écrivent** *(eel-z-eh-kree-v)*

Examples: **Ici, les étudiants n'<u>écrivent</u> pas en espagnol.**
Here, the students do not write in Spanish.

<u>Écrivons</u>-nous notre adresse sur l'enveloppe?
Do we write our address on the envelope?

Another irregular verb:

voir	
to see	
je vois *(v-whah)*	**nous voyons** *(v-wha-yohng)*
tu vois *(v-whah)*	**vous voyez** *(v-wha-yeh)*
il voit *(v-whah)*	**ils voient** *(v-whah)*

Examples: **Nous voyons un nom sur l'enveloppe.**
We see a name on the envelope.

Que vois-tu sur la table?
What do you see on the table?

6. LES PRONOMS DÉMONSTRATIFS

Les pronoms démonstratifs
The demonstrative pronouns (I will buy this, I have those, etc.)

They can be: masculine singular, feminine singular, masculine plural, or feminine plural.

Voici deux livres: <u>celui-ci</u> est pour moi, et <u>celui-là</u> est pour toi.
Here are two books: this one is for me, and that one is for you.

J'ai deux lettres à envoyer: <u>celle-ci</u> et <u>celle-là</u>.
I have two letters to send: this one and that one.

Il y a beaucoup d'employés: <u>ceux-ci</u> travaillent dans un bureau de poste, <u>ceux-là</u> travaillent dans une banque.
There are many employees: these work in a post office, those work in a bank.

Voilà des cartes postales: <u>celles-ci</u> sont grandes, <u>celles-là</u> sont petites.
Here are some postcards: these are large, those are small.

7. L'IMPÉRATIF (suite)

L'impératif (suite)
The imperative (continued)

These imperatives appear in the dialog:

Attendez!, from the verb **attendre** (third group, regular; we will examine them in the next lesson). It means "Wait!"

Tenez!, from the verb **tenir** (same type of conjugation as **venir**). It means "Hold!", or more simply: "Here you are!"/"Here!"

Voyons!, from the verb **voir**. **Voyons** is the "**nous** person" of the imperative, translated in English by "Let's see!"

8. ALLER + INFINITIF

Aller + infinitif
To go + infinitive

This construction is called the "near future" (le **futur proche**).

Demain, je <u>vais voir</u> des amis.
Tomorrow, I am going to see some friends.

Nous <u>allons écrire</u> une carte postale.
We are going to write a postcard.

Et toi, qu'est-ce que tu <u>vas faire</u> demain?
And you, what are you going to do tomorrow?

Note the place of **ne** and **pas** in the negative of the near future:

Je ne <u>vais</u> pas <u>lire</u> ce livre!
I am not going to read this book!

un timbre: a stamp
une enveloppe: an envelope
une balance: scales
un colis: a parcel
par avion: by air mail
une lettre à envoyer: a letter to send
l'expéditeur: the sender
le destinataire: the addressee
la ligne: the line
la place: the space
le papier: the paper
lisible: legible

affranchir: to stamp
envoyer: to send
Pourriez-vous . . . ? (from the verb **pouvoir**): Could you . . . ?
peser: to weigh
mettre: to put
tenir: to hold
écrire: to write
lire: to read

Voyons . . . : Let's see . . .
Attendez!: Wait!

il faut: it's necessary/you need to
indiquer: to indicate
le contenu: the contents
dire: to say
la valeur: the value
approximatif/approximative/approximatifs/approximatives:
    approximate

ça fait combien?/combien ça fait?: how much is that?
un centime: a centime
la monnaie: change
de la petite monnaie: small change

ça m'arrange: that will help me

voir: to see
je vais voir: I'm going to see

AUTRE VOCABULAIRE

sans: without

celui-ci/celle-ci: this one
ceux-ci/celles-ci: these ones

celui-là/celle-là: that one
ceux-là/celles-là: those ones

nécessaire: necessary

plus ou moins: more or less

quand: when

un jour férié: a holiday

là: there

j'espère: I hope

EXERCICES

1 RÉPONDEZ D'APRÈS LE DIALOGUE

1. Est-ce que Paul veut une carte postale?

2. Veut-il des timbres?

3. Combien de lettres veut-il envoyer?

4. Où veut-il les envoyer?

5. Est-ce que l'employée de poste va peser les lettres?

6. Paul veut-il envoyer son colis à Québec ou à Montréal?

7. Par avion, est-ce que ça met deux jours ou une semaine?

8. Quand il y a des jours fériés, est-ce que ça met plus longtemps ou moins longtemps?

9. Qu'est-ce qu'il faut remplir, avant d'envoyer le colis?

10. Faut-il écrire le numéro de téléphone de l'expéditeur?

11. Alors, que faut-il écrire?

12. Quand Paul écrit sur la petite fiche, est-ce que c'est lisible?

13. Est-ce que Paul va payer quelque chose?

14. Combien va-t-il payer, en tout?

15. Est-ce que vous savez si Paul a de la petite monnaie?

2 UTILISEZ LE PRONOM D'OBJET POUR LES MOTS SOULIGNÉS

Exemple: Elle prend les lettres = elle les prend.

1. Paul remplit la fiche.

2. Il écrit le nom du destinataire.

3. Nous mettons les colis à la poste.

4. Tu connais Valérie?

5. Je ne vois pas le nom de l'expéditeur.

6. Avez-vous les billets de théâtre?

7. On ne sert pas ce client!

8. Maintenant, vous lisez la phrase numéro 8.

3 COMPLÉTEZ SELON L'EXEMPLE

Exemple: Ce colis va en Angleterre, et celui-là va aux États-Unis.

1. Ces timbres sont pour l'Europe, et ___ sont pour les États-Unis.

2. Cette secrétaire tape très vite, et ___ aussi!

3. Ce stylo n'écrit pas, mais ___ écrit très bien.

4. Ces employés sont français et ___ sont allemands.

5. Ce garçon dit toujours bonjour, mais ___ ne le dit jamais!

QUEL TEMPS FAIT-IL?

WHAT'S THE WEATHER LIKE?/
HOW IS THE WEATHER?

M. Sorel	**Alors, Pierre, vous partez pour le week-end? Je sais que vous avez de la famille à la campagne.** So, Pierre, are you leaving for the weekend? I know that you have family in the country.
Pierre	**Non, je reste à Paris. Je préfère.** No, I'm staying in Paris. I'd rather.
M. Sorel	**Vraiment? Pourquoi? La campagne est si belle en cette saison de l'année!** Really? Why? The countryside is so pretty in this season of the year!
Pierre	**C'est vrai, mais j'aime beaucoup me promener dans Paris, surtout quand il fait beau. Comme aujourd'hui, par exemple! Regardez ce soleil! Regardez ce beau ciel bleu! Il n'y a presque pas de nuages.** That's true, but I like to take walks in Paris a lot, especially when the weather is nice. Like today, for instance. Look at the sun! Look at the beautiful blue sky! There are hardly any clouds!

M. Sorel	On dit qu'il va faire mauvais demain. **Qu'est-ce que vous faites quand il pleut pendant le week-end? Vous attendez que ça s'arrête?**
	They say the weather is going to be bad tomorrow. What do you do when it rains on the weekend? Do you wait until it stops?
Pierre	**Pas du tout! Je mets mon imperméable, ou bien je prends mon parapluie! Et je vais me promener! D'ailleurs, on peut toujours prendre le bus. Cette carte orange est formidable. Elle est vraiment très pratique.**
	Not at all! I put on my raincoat, or I take my umbrella and I go for a walk! Besides, you can always take the bus. This orange card is great! It's really handy.
M. Sorel	**D'accord, mais s'il fait froid, vous restez chez vous, non?**
	OK, but if it's cold, you stay home, right?
Pierre	**Pas du tout! S'il fait froid, je mets un pull, et voilà! J'ai des amis étudiants un peu partout à Paris – surtout dans le Quartier Latin. Alors, je vais les voir et on passe l'après-midi ensemble. Généralement, on bavarde, on regarde la télé, on écoute de la musique, ou on lit des magazines.**
	Not at all! If it's cold, I put on a sweater, and that's it! I have friends all over, in Paris – especially in the Latin Quarter. So, I go and see them and we spend the afternoon together. Usually, we chat, we watch TV, we listen to music, or we read magazines.
M. Sorel	**Eh bien, moi, je préfère les vacances <u>loin</u> de Paris! En hiver, je vais à la montagne, et en été, quand il fait trop chaud, je vais à la plage!**
	Well, as far as I am concerned, I prefer vacations away from Paris! In the winter, I go to the mountains, and in the summer, when it is too hot, I go to the beach.
Pierre	**Ça, ce n'est pas mal non plus.**
	That's not bad either.

1. PRONONCIATION

fait-il *(feh-t-eel)*
famille *(fah-mee-uh)*
campagne *(kahng-pah-nee-uh)*
reste *(ress-tt)*
préfère *(preh-fair)*

belle *(bel)*
saison *(seh-zohng)*
année *(ah-neh)*
j'aime *(j-ai-mm)*
me promener *(muh proh-muh-neh)*
beau *(bow)*
comme *(khom)*
par exemple *(pahr eggs-ahng-pll)*
regardez *(ruh-gar-deh)*
soleil *(soh-ley)*
ciel *(see-el)*
bleu *(bluh)*
presque *(press-kk)*
nuages *(new-ah-j)*
mauvais *(moh-veh)*
vous faites *(voo fett)*
pleut *(pluh)*
pendant *(pahng-dahng)*
attendez *(ah-tahng-deh)*
s'arrête *(sah-rett)*
pas du tout *(pah dew too)*
imperméable *(amp-ehr-meh-ah-bl)*
mon imperméable *(mohn-namp-ehr-meh-ah-bl)*
parapluie *(pah-rah-plewee)*
d'ailleurs *(dah-yur)*
bus *(bewss)*
carte orange *(kart oh-rahng-jj)*
formidable *(for-mee-dah-bl)*
pratique *(prah-teek)*
s'il fait froid *(seel feh frwah)*
restez *(ress-teh)*
chez vous *(sheh voo)*
pull *(pewll)*
partout *(par-too)*
passe *(pah-ss)*
ensemble *(ahng-sahng-bl)*
généralement *(j-eh-neh-rahl-mahng)*
bavarde *(bah-vahr-dd)*
regarde *(ruh-gardd)*
télé *(teh-leh)*
écoute *(eh-koot)*
musique *(mew-zeek)*
magazines *(mah-gah-zeen)*
hiver *(ee-vair)*

LESSON 10   103

en hiver *(ehng-nee-vair)*
montagne *(mohng-tah-nee-uh)*
été *(eh-teh)*
en été *(ehng-neh-teh)*
trop *(troh)*
chaud *(show)*
plage *(plah-jj)*
mal *(mahl)*

2. LES MOIS DE L'ANNÉE

Les mois de l'année
The months of the year

Combien de mois y a-t-il dans une année?
How many months are there in a year?

Il y a douze mois dans une année.
There are twelve months in a year.

Ce sont:

janvier *(j-ahng-vee-yeh)*
février *(feh-vree-yeh)*
mars *(mahrss)*
avril *(ah-vreell)*
mai *(meh)*
juin *(j-ew-ehng)*

juillet *(j-ewee-yeh)*
août *(oo)*
septembre *(sep-tahng-brr)*
octobre *(ohc-toh-brr)*
novembre *(noh-vahng-brr)*
décembre *(deh-sahng-brr)*

3. LES SAISONS

Les saisons
The seasons

Combien de saisons y a-t-il, en France?
How many seasons are there in France?

En France, il y a quatre saisons.
In France there are four seasons.

Ce sont:

l'hiver
(lee-veh-rr)
winter

le printemps
(luh prehng-tahng)
spring

l'été
(leh-teh)
summer

l'automne
(loh-tohnn)
autumn/fall

Je n'aime pas l'hiver!
I don't like winter!

Nous préférons le printemps.
We prefer spring.

Quelle saison préférez-vous, l'été ou l'automne?
What season do you like best, summer or fall?

4. QUEL TEMPS FAIT-IL?

Quel temps fait-il?
What's the weather like?/How is the weather?

En hiver, il fait froid.
In the winter, it's cold.

En été, il fait chaud.
In the summer, it's warm.

En automne, il fait frais.
In the fall, it's cool.

Au printemps, il fait bon.
In the spring, it's pleasant.

Notice, in the preceding example, <u>**au printemps**</u> (instead of <u>**en**</u> , used for the other seasons – as well as the months).

Généralement, est-ce qu'il fait chaud en janvier à Paris?
Usually, is it hot in January in Paris?

Généralement, fait-il froid en août à Paris?
Usually, is it cold in August in Paris?

5. VERBES

<u>**Attendre**</u> is a typical verb of the third group: verbs ending in "re". (The other two groups, studied in previous lessons, are the verbs ending in "er" – like <u>**travailler**</u> – and the verbs ending in "ir" – like <u>**finir**</u>.)

---

attendre
to wait for/to wait

j' attend-s *(j-ah-tahng)*   **nous attend-ons** *(noo-z-ah-tahng-dohng)*
tu attend-s *(tew ah-tahng)***vous attend-ez** *(voo-z-ah-tahng-deh)*
il attend *(eel ah-tahng)*   **ils attend-ent** *(eel-z-ah-tahndd)*

The "d" is pronounced only in the plural persons (<u>**attendons,**</u> <u>**attendez, attendent**</u>).

Les étudiants attendent l'autobus.
The students are waiting for the bus.

Je n'attends pas Sylvie!
I'm not waiting for Sylvie!

Qui attendez-vous? (= Qui est-ce que vous attendez?)
Who are you waiting for?

Notice, in the preceding example, that the interrogative word <u>qui</u> is placed before the form "<u>est-ce que</u> + statement."

Qu'<u>attends</u>-tu? (= Qu'est-ce que tu <u>attends</u>?)
What are you waiting for?

Notice that the interrogative word <u>que</u> (here, <u>qu'</u>) is placed before the form "<u>est-ce que</u> + statement."

<u>Répondre</u> is another regular verb of the third group ("re" ending).

Répondre to answer	
je répond-s *(reh-pohng)*	nous répond-ons *(reh-pohng-dohng)*
tu répond-s *(reh-pohng)*	vous répond-ez *(reh-pohng-deh)*
il répond *(reh-pohng)*	ils répond-ent *(reh-pohndd)*

Répondez-vous aux questions?
Are you answering the questions?

Est-ce que nous <u>répondons</u> en français? (= <u>Répondons</u>-nous en français?)
Are we answering in French?

Est-ce que Mme Sorel <u>répond</u> au téléphone? (= Mme Sorel <u>répond</u>-elle au téléphone?)
Is Mrs Sorel answering the phone?

In the last example above (interrogative using the inversion), notice the construction

<u>Mme Sorel</u> + verbe + <u>elle</u>.

This type of construction occurs only in the third person (<u>il</u>, <u>elle</u>, <u>ils</u>, or <u>elles</u>) interrogative inversion, when the subject is a noun (here, <u>Mme Sorel</u>).

Other examples of this:

<u>Paul</u> répond-<u>il</u> en anglais? (= Est-ce que Paul répond en anglais?)
Does Paul answer in English?

<u>Les étudiants</u> répondent-<u>ils</u> parfaitement?
Do the students answer perfectly?

La secrétaire part-<u>elle</u> pour le week-end?
Is the secretary leaving for the weekend?

<u>Catherine et Nathalie</u> attendent-<u>elles</u> leurs amis?
Are Catherine and Natalie waiting for their friends?

6. ON DIT QUE . . .

That (as a conjunction: I know <u>that</u> she is here, I hope <u>that</u> you are well, etc.)

Je sais. Vous avez de la famille à la campagne.
Je sais <u>que</u> vous avez de la famille à la campagne.

I know that you have . . ./I know you have family in the country.

The conjunction "that" is sometimes omitted in English. But its equivalent in the French language (<u>que</u> or <u>qu'</u>) is never omitted. Examples:

On dit <u>qu'</u>il va faire mauvais demain.
They say that the weather . . ./They say the weather is going to be bad tomorrow.

J'espère <u>que</u> vous pouvez lire cette phrase.
I hope that you can . . ./I hope you can read this sentence.

7. LES PRONOMS D'OBJET DIRECT (suite)

Les pronoms d'objet direct (suite)
Direct object pronouns (continued)

In the previous lesson (Lesson 9), we have studied the direct object pronouns (<u>me</u>, <u>te</u>, <u>le</u>, <u>la</u>, <u>l'</u>, <u>nous</u>, <u>vous</u>, <u>les</u>), and where to place them in a regular sentence (they go before the verb).

When there are two verbs in the sentence, the direct object pronouns are placed before the second verb. Examples:

Vous allez <u>le lire</u>.
You are going to read it.

Tu espères <u>la voir</u>.
You hope to see her.

Je vais <u>me promener</u>.
I'm going to take a walk.

J'aime <u>me promener</u>.
I enjoy taking walks.

Pierre veut <u>se promener</u>.
Pierre wants to take a walk.

Cette lettre, il ne faut pas <u>l'envoyer</u>!
You mustn't send this letter!

Le bus? On peut <u>le prendre</u>, avec la carte orange!
The bus? You can take it, with the orange card!

Savent-ils <u>le faire</u>?
Do they know how to do it?

VOCABULAIRE

quel temps fait-il?: what's the weather like?
il fait beau: it's fine
il fait froid: it's cold
il fait chaud: it's hot
il pleut: it's raining
il va faire mauvais: it's going to get bad

le ciel: the sky
bleu: blue
ce beau ciel bleu: this beautiful blue sky
le soleil: the sun
un nuage: a cloud

un imperméable: a raincoat
je mets mon imperméable: I put on my raincoat
un parapluie: an umbrella
un pull/un sweater: a sweater
mettre un pull: to put on a sweater

une année: a year
une saison: a season

l'hiver: winter
en hiver: in winter

l'été: summer
en été: in summer

la plage: the beach
la montagne: the mountain

le week-end: the weekend
la famille: the family
la campagne: the countryside

je reste: I stay
rester: to stay

je préfère: I prefer
préférer: to prefer

se promener: to take a walk

je vais me promener: I'm going to take a walk

j'aime: I like/I enjoy
j'aime me promener: I enjoy taking walks

Qu'est-ce que vous faites?: What do you do?

vous attendez: you wait
attendre: to wait

ça s'arrête: it stops

le bus/l'autobus: the bus
une carte: a card
orange: orange
la carte orange: the "orange card", a card that can be purchased in Paris, authorizing the passenger unlimited travel by bus.

formidable: great/wonderful/terrific

pratique: practical/convenient/handy

des amis étudiants: student friends

passer l'après-midi: to spend the afternoon

regardez!: look!
la télé (la télévision): TV (television)
regarder la télé: to watch television

on écoute: you listen
écouter: to listen
la musique: music
de la musique: some music

un magazine: a magazine

les vacances: the vacation

AUTRE VOCABULAIRE

belle (beau/belle/beaux/belles): pretty, attractive, nice
pour: for
vraiment: really
surtout: especially
comme: like, as
par exemple: for example
presque: almost
pendant: during
pas du tout: not at all
d'ailleurs: in addition

partout: everywhere/all over
un peu partout: all over

ensemble: together
généralement: generally/usually
loin: far
trop: too (much)

mal: badly / bad
ce n'est pas mal: it's not bad

EXERCICE

RÉPONDEZ D'APRÈS LE DIALOGUE

1. Pierre part-il pour le week-end?

2. Pierre a-t-il de la famille à la campagne?

3. Est-ce que Pierre aime se promener à Paris?

4. Pierre et M. Sorel regardent-ils le ciel?

5. Le ciel est-il bleu?

6. Est-ce qu'il y a du soleil?

7. Quand il pleut, Pierre attend-il que ça s'arrête?

8. Pierre dit qu'il va se promener, n'est-ce pas?

9. Pierre aime-t-il la carte orange?

10. Avec la carte orange, peut-on prendre un taxi?

11. La carte orange, c'est pour l'autobus, n'est-ce pas?

12. Est-elle pratique?

13. Généralement, fait-il très froid en été à Paris?

14. Fait-il trop chaud en hiver?

15. En quelle saison fait-il chaud?

16. Pierre met-il un pull quand il fait très chaud?

17. Mettez-vous votre imperméable quand il pleut?

18. Pierre a-t-il beaucoup d'amis à Paris?

19. Pierre va-t-il les voir?

20. Dans quel quartier sont-ils?

21. Quand Pierre est chez ses amis, que fait-il?

22. Quand M. Sorel a des vacances, reste-t-il à Paris?

23. Où va M. Sorel en hiver?

24. Est-ce qu'il y va aussi en été?

25. Où va-t-il en été?

ILS ONT ACHETÉ TOUT CE QU'IL FAUT
THEY BOUGHT ALL THAT IS NECESSARY/
THEY BOUGHT ALL THEY NEED

Aujourd'hui, Albert et Nathalie vont faire un pique-nique à la campagne avec des amis.
Today, Albert and Natalie are going to have a picnic in the country with friends.

Nathalie **Albert, as-tu parlé à ton amie Catherine? Est-ce qu'elle vient?**
Albert, did you speak to your friend Catherine? Is she coming?

Albert **Oui, je lui ai téléphoné hier soir. Elle va venir avec deux amis à elle. En tout, nous allons être cinq. Ils vont apporter le fromage et le dessert.**
Yes, I called her last night. She is coming with two friends of hers. In all, there will be five of us. They are going to bring the cheese and the dessert.

Nathalie **Ah, très bien.**
Great!

Albert **Mmmm! Qu'est-ce que tu nous prépares?**
Mmmm! What are you preparing for us?

Nathalie	**Je vous prépare une salade délicieuse, tu vas voir!**
	I am preparing a delicious salad for you, you'll see!
Albert	**Moi, je ne sais pas faire la cuisine. Alors, j'ai acheté deux poulets rôtis. Ça va?**
	I can't cook. So I bought two roast chickens. Is that all right?
Nathalie	**C'est parfait! Donne. Je vais les mettre dans ce panier.**
	It's perfect! Give them to me. I am going to put them in this basket.
Albert	**On a tout ce qu'il faut?**
	Do we have all we need?
Nathalie	**Non, il faut encore acheter le vin à l'épicerie du coin. Et il faut aller chercher le pain, bien sûr.**
	No, we still need to buy the wine at the corner grocery store. And we must go and get the bread, of course.
Albert	**J'y vais!**
	I'll go!
Nathalie	**Merci, tu es gentil. La boulangerie est juste en face de l'immeuble. Et pour le vin, il y a une épicerie et une charcuterie un peu plus loin. Tu sais où c'est?**
	Thank you, you are nice. The bakery is right opposite the building. And for the wine, there is a grocery store and a delicatessen a little further. Do you know where it is?
Albert	**Oui, je sais. À tout à l'heure.**
	Yes, I do. See you later.
Nathalie	**Fais vite, Albert! Nous partons dès que tes amis arrivent!**
	Be quick, Albert! We're leaving as soon as your friends arrive!

1. PRONONCIATION

ils ont acheté *(eel-z-ohng-t-ah-shuh-teh)*
tout ce qu'il faut *(too suh keel fow)*
vont faire *(vohng faire)*
pique-nique *(peek neek)*
as-tu parlé *(ah-tew pahr-leh)*
je lui ai téléphoné *(j-uh lewee eh teh-leh-foe-neh)*
hier soir *(ee-air swar)*
en tout *(ehng too)*
nous allons être *(noo-z-ah-lohng-z-aitrr)*

ils vont apporter *(eel vohng-t-ah-pohr-teh)*
fromage *(froh-mah-jj)*
dessert *(dess-air)*
tu nous prépares *(tew noo preh-pah-rr)*
je vous prépare *(j-uh voo preh-pah-rr)*
salade *(sah-lah-dd)*
délicieuse *(deh-lee-see-uhzz)*
tu vas voir *(tew vah vwhar)*
faire la cuisine *(fairr lah kew-ee-zeenn)*
j'ai acheté *(j-eh ah-shuh-teh)*
poulets rôtis *(pooleh roh-tee)*
donne *(dohn)*
je vais les mettre *(j-uh veh leh maitre)*
panier *(pah-nee-eh)*
on a tout ce qu'il faut *(ohng-nah too suh keel foe)*
il faut encore acheter *(eel foe-t-ehng-kohr ah-shuh-teh)*
vin *(vehng)*
l'épicerie *(leh-pea-suh-ree)*
coin *(co-ehng)*
chercher *(sher-sheh)*
aller chercher *(ah-leh sher-sheh)*
pain *(pehng)*
j'y vais *(j-ee veh)*
gentil *(j-ahng-tee)*
boulangerie *(boo-lahng-j-uh-ree)*
juste *(jewsstt)*
en face *(ahng fahss)*
l'immeuble *(leem-uhbl)*
charcuterie *(shar-kew-tuh-ree)*
à tout à l'heure *(ah too-t-ah-lur)*
Fais vite! *(feh veett)*
dès que *(deh kuh)*
tes amis *(teh-z-ah-mee)*
arrivent *(ah-reevv)*

2. ALLER + INFINITIF (suite)

Aller + infinitif (suite)
To go + infinitive (continued)

The simplest way to express the future is by using the present tense of the verb.

Example: **Demain, je <u>prends</u> l'avion pour Marseille.**
　　　　　Tomorrow, I am taking the plane to Marseilles.

But you may also use **aller + infinitif** (just as you use "to go + infinitive," in English.)

Examples: **Demain, je vais prendre l'avion pour Marseille.**
Tomorrow, I am going to take the plane to Marseilles.

Demain, je finis cette leçon. = Demain, je vais finir cette leçon.
Tomorrow, I am finishing this lesson. = Tomorrow, I am going to finish this lesson.

La semaine prochaine, nous partons en vacances. = La semaine prochaine, nous allons partir en vacances.
Next week, we are going on vacation. = Next week, we are going to go on vacation.

Nos amis arrivent le mois prochain. = Nos amis vont arriver le mois prochain.
Our friends arrive next month. = Our friends are going to arrive next month.

Qu'est-ce que vous faites ce soir? = Qu'est-ce que vous allez faire ce soir?
What are you doing tonight? = What are you going to do tonight?

Nathalie et Albert vont faire un pique-nique.
Natalie and Albert are going to make/are going to have a picnic.

Je vais mettre le poulet rôti dans le panier.
I am going to put the roast chicken in the basket.

The interrogative and the negative constructions are as shown in the following examples:

Vas-tu mettre ton imperméable?
Are you going to put on your raincoat?

Catherine ne va pas apporter de salade. Elle va apporter du fromage.
Catherine is not going to bring salad. She is going to bring cheese.

3. LE PASSÉ COMPOSÉ

Le passé composé is the most frequently used of the past tenses in French.

One easy way to form the past tense in French is by using <u>avoir +</u> <u>past participle</u>. Examples:

> **Aujourd'hui, je parle à Nathalie. Hier, j'<u>ai parlé</u> à Catherine.**
> Today, I speak to Natalie. Yesterday, I have spoken to Catherine.

<u>ai</u> is the verb <u>avoir</u> (to have), and <u>parlé</u> (*pahr-leh*) is the past participle of the verb <u>parler</u>.

In other words, the past participle (<u>parlé</u>, here) is the necessary "second half" of the past tense.

4. PARTICIPES PASSÉS DES VERBES RÉGULIERS

Participes passés des verbes réguliers du premier groupe
Past participles of regular verbs of the first group ("er" verbs)

The past participle of a regular "er" verb (**parlé, donné, acheté,** etc.) is pronounced the same way as the infinitive (**parler, donner, acheter,** etc.)

Here are the past participles of other regular "er" verbs (first group) that you have studied:

étudié	(past participle of the verb **étudier**)
voyagé	(past participle of the verb **voyager**)
donné	(past participle of the verb **donner**)
commencé	(past participle of the verb **commencer**)
envoyé	(past participle of the verb **envoyer**)
payé	(past participle of the verb **payer**)
acheté	(past participle of the verb **acheter**)

Aujourd'hui, nous étudions la leçon 11. Hier, nous <u>avons étudié</u> la leçon 10.
Today, we are studying Lesson 11. Yesterday, we have studied Lesson 10 (or Yesterday, we studied Lesson 10).

Maintenant, M. Sorel voyage. Le mois dernier, il <u>n'a pas voyagé</u>.
Now, Mr Sorel travels. Last month, he did not travel (or Last month, he has not traveled).

Hier, le professeur <u>a-t-il donné</u> des livres aux étudiants?
Yesterday, did the teacher give books to the students?

<u>Avez-vous</u> déjà <u>commencé</u> la leçon 12?
Have you started Lesson 12 already?

M'<u>avez-vous envoyé</u> une lettre la semaine dernière?
Did you send me a letter last week?

Est-ce que je vous <u>ai payé</u>?
Have I paid you?

Pourquoi Albert <u>a-t-il acheté</u> des poulets rôtis?
Why did Albert buy roast chickens?

Participes passés des verbes réguliers du deuxième groupe
Past participles of regular verbs of the second group ("ir" verbs)

The "ir" ending changes to i (*ee*). Examples:

fini	(past participle of the verb **finir**)
rempli	(past participle of the verb **remplir**)

Hier, j'<u>ai fini</u> la leçon 10.
Yesterday, I finished Lesson 10.

Au bureau de poste, Paul <u>a rempli</u> un formulaire.
At the post office, Paul filled out a questionnaire.

Participes passés des verbes réguliers du troisième groupe
Past participles of regular verbs of the third group ("re" verbs)

The "re" ending changes to u (*ew*). Examples:

attendu	(past participle of the verb **attendre**)
répondu	(past participle of the verb **répondre**)

Albert et Nathalie <u>ont attendu</u> leurs amis.
Albert and Natalie waited for their friends.

Hier soir, tu <u>n'as pas attendu</u> l'autobus.
Last night, you didn't wait for the bus.

<u>Avez</u>-vous <u>répondu</u> à la question?
Have you answered the question?

Later, we will study some irregular past participles (past participles that differ from the above-mentioned pattern).

We will also study a small group of verbs that use <u>être + past participle</u> (instead of <u>avoir + past participle</u>) to form their past tense.

5. LES PRONOMS D'OBJET INDIRECT

Les pronoms d'objet indirect
Indirect object pronouns (to me, to him, to us, to you, to them, etc.)

In French, the indirect object pronouns are:

<u>me</u> to me/for me	<u>lui</u> *(lew-ee)* to him/to her/to it (or for . . .)
<u>vous</u> to you (formal or plural)/ for you	<u>nous</u> to us/for us
<u>te</u> to you (familiar singular)/ for you	<u>leur</u> *(luhrr)* to them/for them

In a regular sentence, they are placed before the verb, just like the direct object pronouns (see preceding lessons 9 and 10), which they resemble, except for <u>lui</u> and <u>leur</u>).

Je <u>te</u> sers du vin.
I am serving you wine.

Je parle <u>à Catherine</u> = Je <u>lui</u> parle.
I am talking to Catherine = I am talking to her.

Je parle <u>à Catherine et à Robert</u> = Je <u>leur</u> parle.
I am talking to Catherine and Robert = I am talking to them.

Le patron donne du travail <u>à son employé</u>. Il <u>lui</u> donne une lettre à taper.
The boss is giving some work to his employee. He is giving him a letter to type.

Le professeur donne un livre <u>aux étudiants</u>. Il <u>leur</u> donne un livre de français.
The teacher is giving a book to the students. He is giving them a French book.

Nathalie prépare une salade <u>pour ses amis</u>. Elle <u>leur</u> prépare une salade délicieuse.
Natalie is preparing a salad for her friends. She is preparing them a delicious salad.

As-tu parlé <u>à Paul</u>? Quand <u>lui</u> as-tu téléphoné?
Have you spoken to Paul? When did you call him?

Je lui ai téléphoné hier.
I called him yesterday.

Other examples of indirect pronouns:

Tu me prépares un sandwich?
Are you preparing me a sandwich?

Est-ce que je vous apporte quelque chose?
Do I bring you something (anything)?

Qu'est-ce que Nathalie nous a apporté?
What did Natalie bring us?

Vous lui avez envoyé une lettre, n'est-ce pas?
You sent her a letter, didn't you?

VOCABULAIRE

hier: yesterday
hier soir: yesterday evening

ils ont acheté: they have bought
acheter: to buy

as-tu parlé?: have you spoken?
je lui ai téléphoné: I called her

faire un pique-nique: to have a picnic

deux amis à elle: two friends of hers

en tout: altogether
nous allons être cinq: there will be five of us

ils vont apporter: they're going to bring
apporter: to bring

tu vas voir!: you'll see!

je vais les mettre: I'm going to put them

tu prépares: you prepare
préparer: to prepare

le fromage: the cheese
le dessert: the dessert
une salade: a salad
délicieuse (délicieux/délicieuse/délicieux/délicieuses): delicious
un poulet rôti: a roast chicken

faire la cuisine: to do the cooking
la cuisine: cooking

donne!: give (me)!
donner: to give

un panier: a basket

tout ce qu'il faut: all that we need/all that is necessary
on a tout ce qu'il faut?: do we have everything we need?
il faut encore acheter: we still need to buy

le vin: the wine
le pain: the bread
une épicerie: a grocery store
une boulangerie: a baker's store
une charcuterie: a butcher's store

aller chercher: go to look for, go to fetch
chercher: to look for

j'y vais: I'll go

un coin: a corner
en face: opposite
un immeuble: a building
juste en face de l'immeuble: right opposite the building
un peu plus loin: a little further

arriver: to arrive

AUTRE VOCABULAIRE

à tout à l'heure!: see you soon!

Fais vite!: Be quick!

dès que: as soon as
ce soir: this evening
demain soir: tomorrow evening
la semaine prochaine *(lah suh-menn proh-sh-ann)*: next week
le mois prochain *(luh mwhah proh-sh-ehng)*: next month

EXERCICES

1 *RÉPONDEZ D'APRÈS LE DIALOGUE*

1. À qui Nathalie parle-t-elle?

2. Albert lui répond-il en français?

3. Est-ce qu'Albert a téléphoné à Catherine?

4. Quand lui a-t-il donné ce coup de téléphone?

5. Catherine va-t-elle venir avec sa famille?

6. Avec qui Catherine va-t-elle venir chez Nathalie?

7. Alors combien vont-ils être, en tout?

8. Que vont apporter Catherine et ses amis?

9. Que prépare Nathalie pour ce pique-nique?

10. Est-ce qu'Albert sait faire la cuisine?

11. Qu'est-ce qu'il a acheté?

12. Qui va mettre les poulets dans le panier?

13. Qu'est-ce qu'il faut encore acheter?

14. Où achète-t-on le pain?

15. Où est cette boulangerie?

16. Est-ce qu'Albert y va?

17. Et la charcuterie, où est-elle?

18. Albert sait-il où est la charcuterie?

19. Est-ce qu'Albert attend, ou bien est-ce qu'il part tout de suite?

20. Qu'est-ce qu'il va chercher?

2 COMPLÉTEZ LES PHRASES AVEC LE PASSÉ COMPOSÉ DES VERBES

Exemple: Hier, Nathalie <u>a travaillé</u> à la banque. (<u>travailler</u>)

1. Hier, Paul ___ une carte postale. (<u>envoyer</u>)

2. Hier, j'___ la leçon 10. (<u>étudier</u>)

3. Hier, tu ___ l'exercice de la leçon 10. (<u>finir</u>)

4. Hier, vous ___ à vos amis. (<u>téléphoner</u>)

5. Hier, les amis de Catherine ___ du fromage. (<u>acheter</u>)

6. Est-ce que tu ___ de la musique, hier soir? (<u>écouter</u>)

7. Hier, nous ___ l'autobus un quart d'heure. (<u>attendre</u>)

8. Non, je n'___ la télévision hier soir. (<u>regarder</u>)

3 UTILISEZ LE PRONOM D'OBJET INDIRECT

Exemple: Je parle <u>à mes amis</u>. = Je <u>leur</u> parle.

1. Nous donnons un magazine <u>au professeur</u>. =

2. Tu as envoyé un colis <u>à M. et Mme Sorel</u>. =

3. Albert n'apporte pas le dessert <u>à Nathalie</u>. =

4. Le garçon a servi le petit déjeuner <u>à Albert et à Nathalie</u>. =

5. Répondez-vous tout de suite <u>au patron</u>? =

RÉCAPITULATION DES LEÇONS 7 À 11
RECAPITULATION OF LESSONS 7 TO 11

1. RELISEZ

Relisez à haute voix les dialogues 7 à 11
Read again dialogs 7 through 11 out loud

Dialogue 7 QU'EST-CE QUE VOUS DÉSIREZ?

C'est dimanche matin. Il est dix heures. Nathalie et un ami, Albert, sont assis à la terrasse d'un café. Ils prennent le petit déjeuner.

le serveur	Bonjour, monsieur. Bonjour, mademoiselle. Vous désirez?
Albert	Bonjour. Pour moi, un café au lait et un croissant, s'il vous plaît.
le serveur	Et pour vous, mademoiselle?
Nathalie	Moi, je voudrais un thé au citron, une tartine de pain beurré, une brioche, et de la confiture.
Albert	Qu'est-ce que tu fais cet après-midi, Nathalie?
Nathalie	Rien de spécial. Et toi?
Albert	Moi non plus. Rien. Il y a un cinéma dans le quartier. On y va? Justement, il y a un nouveau film.
Nathalie	D'accord. Tu sais à quelle heure ça commence?
Albert	Oui, à quatorze heures trente. En attendant, on peut aller se promener au marché aux puces. C'est toujours intéressant.

Nathalie	Bonne idée! On y va tout de suite après le petit déjeuner?
Albert	Oui, pourquoi pas? Ah, voici le garçon, avec notre commande! Merci, monsieur. Est-ce que je peux vous payer tout de suite?
le serveur	Bien sûr, monsieur. Voici l'addition. Ça fait trente-cinq francs.

Dialogue 8 AVEZ-VOUS UNE RÉSERVATION?

Aujourd'hui, monsieur Sorel est dans la ville de Lyon. Il va à l'Hôtel du Centre, où il a une réservation pour la nuit. Maintenant, il parle à la réceptionniste de l'hôtel.

M. Sorel	Bonjour, mademoiselle. J'ai une réservation.
la réceptionniste	Bonjour, monsieur. C'est à quel nom, s'il vous plaît?
M. Sorel	Au nom de Thomas Sorel.
la réceptionniste	Ah, oui, voilà! Une réservation pour une personne, n'est-ce pas?
M. Sorel	Oui, et pour une nuit. Je pars demain, avant midi.
la réceptionniste	Bien, monsieur. Voulez-vous remplir cette fiche, s'il vous plaît? Avez-vous des bagages? Vous pouvez donner vos valises au porteur.
M. Sorel	Non, merci. J'ai seulement cette petite valise. À quel étage est la chambre?
la réceptionniste	Au troisième étage, monsieur. Vous pouvez prendre l'ascenseur.
M. Sorel	Merci. Est-ce que je peux donner un coup de téléphone de ma chambre?
la réceptionniste	Mais naturellement, monsieur. Voici la clé de votre chambre. C'est la chambre numéro 17.
M. Sorel	Merci. Jusqu'à quelle heure servez-vous le petit déjeuner?
la réceptionniste	Jusqu'à dix heures, monsieur, dans la salle à manger du rez-de chaussée.
M. Sorel	Merci, mademoiselle.
la réceptionniste	Je vous en prie. Au revoir, monsieur.

Dialogue 9 IL FAUT ALLER À LA POSTE

Paul	Je voudrais un timbre pour une carte postale sans enveloppe, s'il vous plaît.
l'employée de poste	C'est pour la France?
Paul	Oui. J'ai aussi deux lettres à envoyer: celle-ci est pour l'Angleterre, et celle-là pour les États-

Unis. Pourriez-vous les peser, s'il vous plaît?
Il faut les affranchir.

L'employée prend les lettres. Elle les met sur une petite balance, et donne ensuite à Paul les timbres nécessaires.

l'employée	Voilà. Celui-ci est pour l'Europe. Celui-là est pour les États-Unis.
Paul	Merci. Et je voudrais envoyer un colis à Montréal. Est-ce que ça met longtemps, par avion?
l'employée	Ça met une semaine, plus ou moins. Quand il y a des jours fériés, ça met un peu plus longtemps.
Paul	Bien, le voici.
l'employée	Il faut remplir cette fiche. Tenez!
Paul	Merci.
l'employée	Écrivez ici le nom et l'adresse de l'expéditeur et du destinataire.
Paul	Bien. Voilà! J'espère qu'on peut lire. Il n'y a pas beaucoup de place sur ce papier.
l'employée	Voyons . . . Mais oui, c'est très lisible!
Paul	Que faut-il écrire sur cette ligne?
l'employée	Là , il faut indiquer le contenu du colis. Et il faut dire quelle est sa valeur approximative.
Paul	Bon. Et voilà! Avec les timbres, ça fait combien?
l'employée	En tout, ça fait cent dix-huit francs et cinquante centimes. Hum . . . Si vous avez de la petite monnaie, ça m'arrange.
Paul	Attendez, je vais voir.

Dialogue 10 QUEL TEMPS FAIT-IL?

M. Sorel	Alors, Pierre, vous partez pour le week-end? Je sais que vous avez de la famille à la campagne.
Pierre	Non, je reste à Paris. Je préfère.
M. Sorel	Vraiment? Pourquoi? La campagne est si belle en cette saison de l'année!
Pierre	C'est vrai, mais j'aime beaucoup me promener dans Paris, surtout quand il fait beau. Comme aujourd'hui, par exemple! Regardez ce soleil! Regardez ce beau ciel bleu! Il n'y a presque pas de nuages.
M. Sorel	On dit qu'il va faire mauvais demain. Qu'est-ce que vous faites quand il pleut pendant le week-end? Vous attendez que ça s'arrête?
Pierre	Pas du tout! Je mets mon imperméable, ou bien je prends mon parapluie! Et je vais me promener! D'ailleurs, on

peut toujours prendre le bus. Cette carte orange est formidable. Elle est vraiment très pratique.

M. Sorel	D'accord, mais s'il fait froid, vous restez chez vous, non?
Pierre	Pas du tout! S'il fait froid, je mets un pull, et voilà! J'ai des amis étudiants un peu partout à Paris – surtout dans le Quartier Latin. Alors, je vais les voir et on passe l'après-midi ensemble. Généralement, on bavarde, on regarde la télé, on écoute de la musique, ou on lit des magazines.
M. Sorel	Eh bien, moi, je préfère les vacances loin de Paris! En hiver, je vais à la montagne, et en été, quand il fait trop chaud, je vais à la plage!
Pierre	Ça, ce n'est pas mal non plus.

Dialogue 11 *ILS ONT ACHETÉ TOUT CE QU'IL FAUT*

Aujourd'hui, Albert et Nathalie vont faire un pique-nique à la campagne avec des amis.

Nathalie	Albert, as-tu parlé à ton amie Catherine? Est-ce qu'elle vient?
Albert	Oui, je lui ai téléphoné hier soir. Elle va venir avec deux amis à elle. En tout, nous allons être cinq. Ils vont apporter le fromage et le dessert.
Nathalie	Ah, très bien.
Albert	Mmmm! Qu'est-ce que tu nous prépares?
Nathalie	Je vous prépare une salade délicieuse, tu vas voir!
Albert	Moi, je ne sais pas faire la cuisine. Alors, j'ai acheté deux poulets rôtis. Ça va?
Nathalie	C'est parfait! Donne. Je vais les mettre dans ce panier.
Albert	On a tout ce qu'il faut?
Nathalie	Non, il faut encore acheter le vin à l'épicerie du coin. Et il faut aller chercher le pain, bien sûr.
Albert	J'y vais!
Nathalie	Merci, tu es gentil. La boulangerie est juste en face de l'immeuble. Et pour le vin, il y a une épicerie et une charcuterie un peu plus loin. Tu sais où c'est?
Albert	Oui, je sais. À tout à l'heure.
Nathalie	Fais vite, Albert! Nous partons dès que tes amis arrivent!

1 CHOISISSEZ L'ARTICLE APPROPRIÉ: LE, LA, L' OU LES?

Exemples: le café
la terrasse
l'addition
les croissants

1. ___ brioche
2. ___ tartines
3. ___ confiture
4. ___ thé
5. ___ films
6. ___ marché aux puces
7. ___ réservation
8. ___ villes
9. ___ bagages
10. ___ porteurs
11. ___ étages
12. ___ ascenseur
13. ___ coup de téléphone
14. ___ chambres
15. ___ salle à manger
16. ___ rez-de-chaussée
17. ___ bureau de poste
18. ___ carte postale
19. ___ enveloppe
20. ___ Amérique
21. ___ États-Unis
22. ___ colis
23. ___ jours feriés
24. ___ fiche
25. ___ adresse
26. ___ timbre
27. ___ destinataire
28. ___ expéditeur
29. ___ papiers
30. ___ ligne
31. ___ contenu
32. ___ valeur
33. ___ francs français

34. ___ centime
35. ___ petite monnaie
36. ___ temps
37. ___ week-end
38. ___ campagne
39. ___ saisons
40. ___ année
41. ___ soleil
42. ___ nuages
43. ___ imperméable
44. ___ pull
45. ___ parapluie
46. ___ autobus
47. ___ bus
48. ___ télévision
49. ___ magazines
50. ___ vacances
51. ___ hiver
52. ___ printemps
53. ___ été
54. ___ automne
55. ___ montagne
56. ___ plage
57. ___ fromages
58. ___ dessert
59. ___ poulet rôti
60. ___ panier
61. ___ salade
62. ___ vin
63. ___ épicerie
64. ___ charcuterie
65. ___ immeuble

2 METTEZ LES VERBES AU PRÉSENT

Exemples: (prendre) Nos amis <u>prennent</u> leur petit déjeuner.
          (écrire) Paul <u>écrit</u> son nom sur l'enveloppe.

1. (servir) Le garçon ne ___ pas de champagne.

2. (mettre) Quand il fait froid, je ___ un pull.

3. (lire) Que ___-vous?

4. (espérer) J'___ que vous pouvez lire cette phrase!

5. (attendre) Nous ___ un taxi.

6. (remplir) Paul et Robert ___ des formulaires.

7. (payer) Vous ___ le garçon?

8. (connaître) Je ne ___ pas ce monsieur.

9. (peser) Est-ce que vous ___ les lettres à la poste?

10. (indiquer) Paul ___ la valeur de son colis.

11. (dire) Qu'est-ce que vous ___?

12. (faire) Combien ça ___?

13. (voir) Je ___ mes amis le dimanche.

14. (rester) Est-ce que vous ___ en ville ce week-end?

15. (arriver) Catherine et Michel ___ à dix heures.

16. (faire) Qu'est-ce que tu ___ ?

17. (venir) Vous ___ avec nous à la campagne?

18. (préférer) Nous ___ la plage!

19. (passer) On ___ l'après-midi ensemble.

20. (bavarder) Nous ___ pendant le petit déjeuner.

21. (donner) Tu me ___ ton livre?

22. (apporter) Je vous ___ du fromage.

23. (préparer) Nathalie nous ___ une salade délicieuse!

24. (envoyer) Paul leur ___ une carte postale.

25. (téléphoner) Ces étudiants vous ___-ils le dimanche?

3 CHOISISSEZ LE PRONOM APPROPRIÉ

Exemples: Je vois <u>les employés</u>. = Je <u>les</u> vois. (les/leur)
Je parle <u>à Nathalie</u>. = Je <u>lui</u> parle. (la/lui)
Nous allons <u>à Paris</u>. = Nous <u>y</u> allons. (le/y)

1. J'appelle <u>le taxi</u>. = Je ___ appelle. (l'/lui)

2. Vous commencez <u>l'exercice</u>. = Vous ___ commencez. (l'/le)

3. Albert va <u>à la charcuterie</u>. = Albert ___ va. (la/y)

4. Paul envoie une lettre <u>à ses amis</u>. = Paul ___ envoie des lettres. (l'/leur)

5. Nous n'avons pas fini <u>ce livre</u>. = Nous ne ___ avons pas fini. (l'/lui)

6. As-tu téléphoné <u>aux clients</u>, hier? = ___ as-tu téléphoné, hier? (les/leur)

7. Les deux poulets sont <u>dans le panier</u>. = Les deux poulets ___ sont. (le/y)

8. Hier, est-ce qu'on a apporté une lettre <u>à ce monsieur</u>? = Hier, est-ce qu'on ___ a apporté une lettre? (l'/lui)

9. Demain, je vais dire bonjour <u>à Paul</u>. = Demain, je vais ___ dire bonjour. (le/lui)

10. Demain, je vais voir <u>M. et Mme Sorel</u>. = Demain, je vais ___ voir. (les/leur)

4 RÉPONDEZ AU FUTUR PROCHE

Answer in the "near future."

Exemples: Avez-vous étudié la leçon 13? <u>Non, je vais étudier la leçon 13 demain</u>.
L'employé a-t-il fini son travail? <u>Non, il va finir son travail demain</u>.

1. As-tu parlé à la secrétaire? _____

2. Le garçon de café a-t-il servi le petit déjeuner? _____

3. Est-ce que vous avez attendu Catherine? _____

4. Est-ce que j'ai payé les timbres? _____

5. Les étudiants ont-ils répondu? _____

POURRIEZ-VOUS M'INDIQUER LE CHEMIN?

COULD YOU SHOW ME THE WAY?

un touriste, à Paris	Pardon, monsieur l'agent . . . Je voudrais aller au musée du Louvre. Pourriez-vous m'indiquer le chemin, s'il vous plaît? Excuse me, officer . . . I would like to go to the Louvre museum. Could you show me the way, please?
un agent de la circulation	Mais certainement, monsieur. Voyons . . . Où sommes-nous? Ah, oui! Descendez cette rue jusqu'au boulevard des Italiens. C'est le boulevard que vous voyez là-bas. Quand vous arrivez au boulevard des Italiens, tournez à droite. Ensuite, allez tout droit jusqu'à la place de l'Opéra. À la place de l'Opéra, tournez à gauche. Prenez l'avenue de l'Opéra. Continuez tout droit, jusqu'au rond-point de la Comédie Française. Certainly. Let's see . . . Where are we? Oh, yes! Go down this street up to the "boulevard des Italiens." It's the boulevard that you see over there. When you get to the "boulevard des Italiens," turn right. Then go straight up to the "place de l'Opéra." At the "place de l'Opéra," turn left. Take the "avenue de l'Opéra." Continue straight ahead, up to the "rond-point de la Comédie Française."

le touriste	Oh là là! C'est loin! My goodness! It's far!
l'agent	Mais non, c'est à vingt minutes, à pied! Not at all, it's twenty minutes away, on foot.
le touriste	Vraiment? Bon. Alors j'arrive au rond-point de la Comédie Française, et après? Really? All right. So I arrive at the "rond-point de la Comédie Française," and then?
l'agent	Après, c'est très facile. Traversez la rue de Rivoli, qui est en face de vous. Marchez en direction du jardin des Tuileries. Et voilà, vous êtes arrivé! Then, it's very easy. Cross the "rue de Rivoli," which is in front of you. Walk towards the "jardin des Tuileries." And that's all, you have arrived!
le touriste	Je suis arrivé? Où? I have arrived? Where?
l'agent	Mais à l'esplanade des Tuileries! Vous allez reconnaître la pyramide qui se trouve au milieu! At the "esplanade des Tuileries!" You will recognize the pyramid which is in the middle!
le touriste	Ah oui, la grande pyramide du Louvre! C'est là que se trouve l'entrée du musée, n'est-ce pas? Je l'ai lu dans une brochure. Oh yes, the big pyramid of the Louvre! That's where the entrance to the museum is located, isn't it? I read it in a brochure.
l'agent	Oui, c'est là qu'on vend les billets pour visiter le Louvre. Yes, that's where they sell the tickets to visit the Louvre.
le touriste	Merci bien, monsieur l'agent. Au revoir. Thank you very much, officer. Goodbye.
l'agent	Au revoir, monsieur. Et bonne promenade! Goodbye. And have a nice walk!

1. PRONONCIATION

pourriez-vous *(pooree-eh voo)*
m'indiquer *(mehng-dee-keh)*
chemin *(shuh-mehng)*
un touriste *(uhng too-reess-tt)*
le touriste *(luh too-reess-tt)*
à Paris *(ah Pah-ree)*
pardon *(pahr-dohng)*
un agent *(uhng-nahj-ahng)*
l'agent *(lah-j-ahng)*
circulation *(seer-kew-lah-see-ohng)*
musée *(mew-zeh)*
Louvre *(loo-vrr)*
certainement *(sair-tenn-uh-mahng)*
voyons *(vwha-ee-ohng)*
où sommes-nous? *(oo sum noo)*
descendez *(deh-sahng-deh)*
rue *(rew)*
jusqu'au *(j-ewss-koe)*
boulevard des Italiens *(bool-vahr)*
là-bas *(lah bah)*
vous arrivez *(voo-z-ah-ree-veh)*
tournez *(tour-neh)*
à gauche *(ah gaush)*
ensuite *(ahng-sew-eet)*
allez *(ah-leh)*
tout droit *(too drwha)*
jusqu'à *(j-ewss-kah)*
place de l'Opéra *(plah-ss duh loe-peh-rah)*
l'avenue de l'Opéra *(ah-vuh-new duh loe-peh-rah)*
continuez *(cohng-tee-new-eh)*
rond-point *(rohng-poo-ehng)*
loin *(loo-ehng)*
Mais non! *(meh nohng)*
c'est à vingt minutes *(seh-t-ah vehng mee-new-tt)*
à pied *(ah peeyeh)*
j'arrive *(j-ah-ree-vv)*
et après? *(eh ah-preh)*
après *(ah-preh)*
très facile *(treh fah-seel)*
traversez *(trah-vair-seh)*
rue de Rivoli *(rew duh ree-voe-lee)*
qui est en face de vous *(kee eh-t-ahng-fah-ss duh voo)*

en direction *(ahng dee-reck-see-ohng)*
jardin des Tuileries *(j-ahr-dehng deh tew-ee-luh-ree)*
vous allez reconnaître *(voo-zah-leh-ruh-conn-aitrr)*
la pyramide *(lah peerah-mee-dd)*
se trouve *(suh troo-vv)*
au milieu *(oe mee-lee-uh)*
qui se trouve au milieu *(kee suh troo-vv oe mee-lee-uh)*
brochure *(broe-shew-rr)*
c'est là qu'on vend *(seh lah kohng vahng)*
les billets *(leh bee-yeh)*
visiter *(vee-zee-teh)*
bonne promenade *(bow-nn proh-muh-nah-dd)*

2. LE PASSÉ COMPOSÉ (suite)

Le passé composé (suite). Les participes passés des verbes irreguliers
The past tense (continued). Past participles of irregular verbs

Some past participles differ from the regular pattern of "é" endings for "er" verbs (example: ache**ter** – ache**té**), "i" endings for "ir" verbs (example: fin**ir** – fin**i**), "u" endings for "re" verbs (example: atten**dre** atten**du**) studied in Lesson 11.

Here are now some irregular past participles, and the infinitives to which they correspond:

<u>eu</u>   (participe passé du verbe <u>avoir</u>)
<u>été</u>   (participe passé du verbe <u>être</u>)

Examples: **Aujourd'hui, j'ai une lettre. Hier, j'<u>ai eu</u> deux lettres.**
          Today, I have one letter. Yesterday, I had two letters.

          Maintenant, je suis enervée. Hier, j'<u>ai été</u> calme.
          Now, I am irritable. Yesterday, I was calm.

<u>fait</u>   (participe passé du verbe <u>faire</u>)

Example: **Qu'est-ce que tu <u>as fait</u>, hier soir?**
          What did you do last night?

<u>pris</u>   (participe passé du verbe <u>prendre</u>)
<u>mis</u>   (participe passé du verbe <u>mettre</u>)

Examples: **Hier matin, je <u>n'ai pas pris</u> l'autobus.**
          Yesterday morning, I didn't take the bus.

          <u>Avez-vous mis</u> votre imperméable, hier après-midi?
          Did you put on your raincoat yesterday afternoon?

écrit   (participe passé du verbe <u>écrire</u>)
<u>dit</u>   (participe passé du verbe <u>dire</u>)

Examples: **Paul <u>a écrit</u> une carte postale.**
          Paul wrote a postcard.

          Les employés <u>ont dit</u> bonjour au patron.
          The employees said hello to the boss.

<u>lu</u>   (participe passé du verbe <u>lire</u>)

Example: **Nous <u>avons lu</u> une brochure.**
          We have read a brochure.

<u>su</u>   (participe passé du verbe <u>savoir</u>)
<u>pu</u>   (participe passé du verbe <u>pouvoir</u>)
<u>voulu</u>   (participe passé du verbe <u>vouloir</u>)
<u>plu</u>   (participe passé du verbe <u>pleuvoir</u>, to rain)

Examples: **Est-ce que vous <u>avez su</u> répondre?**
          Did you know how to answer?

          Je <u>n'ai pas pu</u> téléphoner.
          I couldn't call.

          Albert <u>a-t-il voulu</u> faire la cuisine?
          Did Albert want to cook?

          Aujourd'hui il ne pleut pas. Mais hier, il <u>a plu</u>.
          Today it's not raining. But yesterday it rained.

<u>venu</u>   (participe passé du verbe <u>venir</u>)

Example: **Hier, je <u>suis venu</u> au bureau à huit heures.**
          Yesterday, I came to the office at eight.

Notice, in the last example, that the verb <u>venir</u> uses <u>être</u> (to be), instead of <u>avoir</u> (to have), to form the "**passé composé.**"

We will now examine some other verbs that use <u>être</u>.

3. LE PASSÉ COMPOSÉ AVEC ÊTRE

Le passé composé avec être
The past tense with the verb to be

To form their **passé composé**, the following verbs use <u>être + past participle</u> (instead of <u>avoir + past participle</u>):

venir   (participe passé: <u>venu</u>)
<u>revenir</u>   (participe passé: <u>revenu</u>)

Examples: Vous <u>n'êtes pas venu</u> chez moi!
You didn't come to my house!

Les étudiants <u>sont-ils revenus</u> de l'école?
Have the students come back from school?

<u>aller</u>

Example: **Hier, ce touriste <u>est allé</u> au musée d'Orsay.**
Yesterday, this tourist went to the "musée d'Orsay."

<u>arriver</u>
<u>partir</u>   (participe passé: <u>parti</u>)

Examples: **À quelle heure <u>es-tu arrivé</u>?**
At what time did you arrive?

Nous <u>sommes partis</u> en taxi.
We left in a taxi.

<u>descendre</u>

Example: **M. Sorel <u>est descendu</u> au rez-de-chaussée.**
Mr Sorel came down to the ground floor.

<u>rester</u>

Example: **Il <u>n'est pas resté</u> une semaine à l'hôtel.**
He didn't stay a week in the hotel.

We will encounter some more of these later in the course.

4. LES PRONOMS RELATIFS QUI ET QUE (OU QU')

Les pronoms relatifs qui et que (ou qu')
The relative pronoun that, or who, or which (for example, in English: the book <u>that</u>'s on the table is mine; I know the man <u>who</u> spoke; the museum <u>which</u> I prefer is the Louvre)

Nous prenons l'autobus. L'autobus arrive.
Nous prenons l'autobus <u>qui</u> arrive.
We are taking the bus that's coming.

Vous reconnaissez le livre. Le livre est sur la table.
Vous reconnaissez le livre <u>qui</u> est sur la table.
You recognize the book that is on the table.

In the above examples, **qui** (meaning **l'autobus** or **le livre**) is therefore the subject of the verb that follows (**arrive** or **est**).

Other examples:

Connaissez-vous le touriste qui a parlé?
Do you know the tourist who spoke?

La rue qui est en face de vous est la rue de Rivoli.
The street which is in front of you is the "rue de Rivoli."

Vous allez reconnaître la pyramide qui se trouve au milieu.
You will recognize the pyramid that's in the middle.

When this relative pronoun is not the subject of the following verb but the direct object of that verb, **qui** becomes **que** (or **qu'**):

Voilà les amis. J'attends ces amis.
Voilà les amis que j'attends.
Here come the friends that I'm waiting for.

This relative pronoun object of the verb is sometimes omitted in English (just like the conjunction is sometimes omitted; see Lesson 10), but its equivalent in French (**que** or **qu'**) is never omitted:

On lit le livre. Le livre est intéressant.
Le livre qu'on lit est intéressant.
The book that we are reading . . ./The book we are reading is interesting.

5. QUI OU QUE?

The following examples are a summary of when to use **qui** and when to use **que**.

qui, relative pronoun, as the subject of a verb:

Le monsieur qui parle est M. Sorel.
The man who is talking is Mr Sorel.

Comment s'appelle le garçon qui écoute?
What's the name of the boy who is listening?

que, relative pronoun, as the direct object of a verb:

Les étudiants que vous connaissez sont canadiens.
The students that you know are Canadian.

Le Louvre, c'est le musée que vous voyez là-bas.
The Louvre is the museum you see over there.

And remember also to use **que** as a conjunction, a simple "link" between two clauses (as studied earlier in Lesson 10). Examples:

Je sais que vous avez des amis à Paris.
I know you have friends in Paris.

On dit que le musée est formidable!
They say that the museum is terrific!

6. L'IMPÉRATIF (suite)

L'impératif (suite)
The imperative (continued)

S'il vous plaît, tournez à gauche!
Please, turn right!

Prenez l'avenue de l'Opéra.
Take the "avenue de l'Opéra."

Ne descendez pas cette rue!
Do not go down that street!

Continuez tout droit.
Continue straight ahead.

Marchez en direction du jardin des Tuileries.
Walk towards the garden of the Tuileries.

Traversez la rue de Rivoli.
Cross the "rue de Rivoli."

VOCABULAIRE

pourriez-vous: could you
pourriez-vous m'indiquer: could you show me?
le chemin: the way

un touriste: a tourist
pardon: excuse me

un agent de la circulation: a traffic policeman

un musée: a museum
le Louvre: the Louvre

certainement: certainly

voyons: let's see
descendez: go down

une rue: a street
un boulevard: a boulevard

jusqu'au: as far as
le boulevard que vous voyez: the boulevard which you see

là-bas: over there

vous arrivez: you arrive
tournez: turn
à droite: right, on the right
ensuite: then
allez: go
tout droit: straight ahead
jusqu'à la place de l'Opéra: as far as the Place de l'Opera
à gauche: left, on the left
une avenue: an avenue
l'avenue de l'Opéra: the Avenue de l'Opera
continuez: continue
un rond-point: the "rond-point"

c'est à vingt minutes: it's twenty minutes away
à pied: on foot

traversez: cross

en face: opposite
la rue qui est en face: the street opposite
marchez: walk
en direction: towards

un jardin: a garden
le jardin des Tuileries: the Tuileries Gardens

une esplanade: an esplanade
l'esplanade des Tuileries: the Tuileries esplanade

reconnaître: recognize
vous allez reconnaître: you'll recognize

une pyramide: a pyramid
la pyramide qui se trouve: the pyramid which is there

au milieu: in the middle

une entrée: an entrance

l'entrée du musée: the entrance to the museum

une brochure: a brochure

c'est là qu'on vend les billets: that's where they sell tickets
vendre (regular "re" verb, conjugated like **attendre** or **répondre**): to sell

visiter: to visit

AUTRE VOCABULAIRE

Oh là là!: Oh dear!

après: after
et après?: and after that?

facile: easy
c'est très facile: it's very easy

vous êtes arrivé: You've arrived
je suis arrivé: I have arrived

je l'ai lu: I read it

Merci bien!: Thank you very much

une promenade: a walk
Bonne promenade!: Have a nice walk!

EXERCICES

1 RÉPONDEZ D'APRÈS LE DIALOGUE

1. Où ce touriste veut-il aller?

2. À qui a-t-il parlé?

3. Est-ce que le touriste est à pied ou en taxi?

4. Est-ce que le Louvre se trouve loin de la place de l'Opéra?

5. Y a-t-il un jardin en face du musée?

6. Où se trouve la grande pyramide du Louvre?

7. Est-ce que le touriste y va?

8. Vend-on des billets à l'entrée du musée?

2 COMPLÉTEZ LES PHRASES AVEC LE PASSÉ COMPOSÉ DES VERBES

Exemples: Hier, Nathalie <u>a eu</u> beaucoup de travail. (<u>avoir</u>)
Albert <u>est parti</u> en vacances. (<u>partir</u>)

1. Est-ce que vous ___ content de visiter le musée? (<u>être</u>)

2. Je ___ deux semaines à Paris. (<u>rester</u>)

3. Hier, j' ___ la cuisine pour mes amis. (<u>faire</u>)

4. Nous ___ un taxi pour visiter Paris. (<u>prendre</u>)

5. Où ___-vous ___ ? (<u>aller</u>)

6. Tu ___ ton nom sur l'enveloppe? (<u>mettre</u>)

7. Qu'est-ce que vous ___ ? (<u>dire</u>)

8. Nous ___ à dix heures. (<u>arriver</u>)

9. Le touriste ___ une brochure sur le Louvre. (<u>lire</u>)

10. Est-ce que vous ___ prendre l'avion? (<u>pouvoir</u>)

3 CHOISISSEZ <u>QUI</u> OU <u>QUE</u>

Exemples: Voici l'hôtel <u>que</u> je préfère.
Traversez la rue <u>qui</u> est en face de vous!

1. L'employé ___ travaille dans ce bureau s'appelle Martin.

2. Où se trouve le musée ___ vous avez visité?

3. Nous savons ___ la pyramide est l'entrée du musée.

4. Je ne connais pas la réceptionniste ___ a répondu.

5. On a pris le premier taxi ___ est arrivé!

4 METTEZ LES VERBES À L'IMPÉRATIF

Exemples: Toi et moi, <u>marchons</u> en direction des Tuileries!
(<u>marcher</u>)
Paul, <u>choisissez</u> la bonne réponse! (<u>choisir</u>)

1 Vous et moi, ___ faire une promenade! (<u>aller</u>)

2. S'il vous plaît, M. Sorel, ___ votre travail! (<u>continuer</u>)

3. Toi et moi, ___ les billets! (<u>prendre</u>)

4. Pierre et Jacques, ne ___ pas la rue! (<u>traverser</u>)

5. Si vous voulez, vous et moi, ___ en ascenseur! (<u>descendre</u>)

PARLONS DE LA FAMILLE
LET'S TALK ABOUT THE FAMILY

Cet après-midi, Albert et Nathalie sont allés chez M. et Mme Sorel
pour leur dire bonjour. Maintenant, nos quatre amis sont assis dans
le living room de la famille Sorel. La femme de M. Sorel est en train
de servir du café.

This afternoon, Albert and Natalie went to Mr and Mrs Sorel's, to
say hello to them. Now our four friends are seated in the living room
of the Sorel family. Mr Sorel's wife is serving coffee.

Mme Sorel	**Encore du café, Nathalie?** More coffee, Natalie?
Nathalie	**Oui, je veux bien, merci. Sans sucre, s'il vous plaît.** Yes, thank you. Without sugar, please.
Mme Sorel	**Et vous, Albert? Encore un peu de café?** And you, Albert? A little more coffee?
Albert	**Non, pas pour moi, merci. La caféine, vous savez . . .** No, not for me, thank you. Caffeine, you know . . .

Mme Sorel	**Ah, vous êtes comme mon mari! Thomas ne boit jamais de café.** Ah, you are like my husband! Thomas never drinks coffee.
M. Sorel	**C'est vrai, je préfère le thé.** That's true. I prefer tea.
Mme Sorel	**Malheureusement, chéri, le thé aussi contient de la caféine!** Unfortunately, dear, tea also contains caffeine!
M. Sorel	**Moins. Beaucoup moins. Et puis, il faut bien boire quelque chose!** Less. Much less. And you do have to drink something!
Nathalie	**Vous m'avez dit que vous venez du Canada. Avez-vous de la famille, là-bas?** You told me that you come from Canada. Do you have relatives over there?
M. Sorel	**Oh oui! J'ai un frère et une soeur à Montréal. Et j'ai aussi quelqu'un à Québec: un oncle, qui a soixante ans. Mon frère est célibataire – comme vous, Albert! Ma soeur est mariée. Elle a trois enfants: un fils et deux filles.** Oh yes! I have a brother and a sister in Montreal. And I also have someone in Québec: an uncle, who is sixty years old. My brother is single – like you, Albert! My sister is married. She has three children: one son and two daughters.
Nathalie	**Quel âge ont-ils?** How old are they?
M. Sorel	**Le garçon a douze ans. Mes nièces ont huit ans et cinq ans.** The boy is twelve. My nieces are eight and five.
Mme Sorel	**Et vous, Nathalie, où habitez-vous?** And you, Natalie, where do you live?
Nathalie	**Moi, j'habite dans la banlieue parisienne, avec mon père, ma mère, mon grand-père et ma grand-mère.** I live on the outskirts of Paris, with my father, my mother, my grandfather, and my grandmother.

M. Sorel	**Mais vous travaillez à Paris? Dans une banque, n'est-ce pas?**
	But you work in Paris? In a bank, right?
Nathalie	**Oui. Pour venir, je prends le train. C'est pourquoi je cherche un appartement à Paris (un appartement plus petit que le vôtre, bien sûr!). Je regarde dans le journal. Mais je ne trouve rien.**
	Yes. To get here, I take the train. That's why I am looking for an apartment in Paris (an apartment smaller than yours, of course!). I look in the newspaper. But I don't find anything.
Albert	**Tu veux quelque chose en plein centre! C'est ça qui est difficile!**
	You want something right in the center of town! That's what's difficult!
Nathalie	**Oui, je sais. Enfin, je ne suis pas pressée. Pour l'instant, je ne suis pas si mal chez mes parents. Et puis, j'ai mes cousins et mes cousines qui habitent près de chez nous, dans la même banlieue.**
	Yes, I know. Well, I am not in a hurry. For the moment, it's not so bad at my parents'. Also, I have my cousins who live near us, in the same suburb.
Mme Sorel	**Et vous, Albert? Vous habitez aussi avec votre famille?**
	How about you, Albert? Do you live with your family too?
Albert	**Non, j'ai un studio près de Montparnasse. Mes parents sont à Lyon. Je leur téléphone souvent. Et je vais les voir dès que j'ai des vacances. C'est facile. Pour y aller, je prends toujours le TGV. Ça va plus vite.**
	No, I have a studio near Montparnasse. My parents are in Lyons. I call them often. And I go visit them whenever I'm on vacation. It's easy. To get there, I always take the TGV. It's faster.
Nathalie	**Malheureusement, les trains de banlieue ne vont pas aussi vite!**
	Unfortunately, the commuter trains are not as fast!

1. PRONONCIATION

parlons de la famille *(pahr-lohng duh lah fah-meeyuh)*
cet après-midi *(set ah-preh-mee-dee)*
sont allés *(sohng-t-ah-leh)*
chez M. et Mme Sorel *(sheh muh-see-uh eh mah-dahmm Soh-rell)*
pour leur dire *(pour luhr dee-rr)*
nos quatre amis *(noe kah-trr-ah-mee)*
assis *(ah-see)*
living-room *(lee-ving rroom)*
femme *(fah-mm)*
est en train de servir *(eh-t-ahng trehng duh sair-vee-rr)*
du café *(dew kah-feh)*
encore *(ahng-kor)*
je veux bien *(j-uh vuh bee-ehng)*
sans *(sahng)*
sucre *(sew-krr)*
un peu de café *(uhng puh duh kah-feh)*
pas pour moi *(pah pour mwha)*
caféine *(kah-feh-ee-nn)*
vous savez *(voo sah-veh)*
comme mon mari *(kom mohng mah-ree)*
boit *(bwha)*
jamais *(j-ah-meh)*
malheureusement *(mahl-uh-ruh-z-mahng)*
chéri *(sheh-ree)*
contient *(kohng-tee-ehng)*
moins *(mo-ehng)*
beaucoup moins *(bow-koo mo-ehng)*
et puis *(eh pew-ee)*
il faut bien *(eel foe bee-ehng)*
boire *(bwhar)*
quelque chose *(kell-kuh showzz)*
vous m'avez dit que *(voo mah-veh dee)*
vous venez *(voo vuh-neh)*
frère *(frai-rr)*
soeur *(suh-rr)*
quelqu'un *(kell-kuhng)*
Québec *(keh-beck)*
qui a soixante ans *(kee ah swha-sahng-tt-ahng)*
célibataire *(seh-lee-bah-terr)*
mariée *(mah-ree-eh)*
trois enfants *(trwha-z-ahng-fahng)*
un fils *(uhng fee-ss)*

deux filles *(duh feeyuh)*
quel âge ont-ils? *(kell ah-j ohng-t-eel)*
douze ans *(doo-z-ahng)*
mes nièces *(meh nee-ess)*
huit ans *(weet-ahng)*
cinq ans *(sehng-k-ahng)*
oncle *(ohng-kl)*
un oncle *(uhng-n-ohng-kl)*
banlieue *(bahng-lee-uh)*
parisienne *(pah-ree-zee-enn)*
père *(pairr)*
mère *(mairr)*
grand-père *(grahng pairr)*
grand-mère *(grahng mairr)*
pour venir *(pourr vuh-nee-rr)*
train *(trehng)*
pourquoi *(pourr-kwha)*
cherche *(sher-shh)*
appartement *(ah-pahr-tuh-mahng)*
un appartement *(uhng-n-ah-pahr-tuh-mahng)*
plus petit que *(plew puh-tee kuh)*
le vôtre *(luh voe-trr)*
journal *(j-oor-nahl)*
trouve *(troo-vv)*
rien *(ree-ehng)*
tu veux *(tew vuh)*
en plein centre *(ahng plehng sahng-trr)*
difficile *(dee-fee-seell)*
c'est ça qui est difficile *(seh sah kee eh dee-fee-seell)*
enfin *(anhg-fehng)*
pressée *(preh-seh)*
pour l'instant *(pour lehng-stahng)*
si mal *(see mahl)*
chez mes parents *(sheh meh pah-rahng)*
et puis *(eh pewee)*
mes cousins *(meh koo-zehng)*
mes cousines *(meh koo-zeenn)*
qui habitent *(kee ah-beett)*
près de chez nous *(preh duh sheh noo)*
même *(maih-mm)*
un studio *(uhng stew-dee-o)*
Montparnasse *(mohng-pahr-nahss)*
Lyon *(lee-ohng)*
sont à Lyon *(sohng-t-ah-lee-ohng)*

je leur téléphone *(j-uh luhr teh-leh-fonn)*
souvent *(soo-vahng)*
je vais les voir *(j-uh veh leh vwhar)*
dès que *(daih kuh)*
des vacances *(deh vah-kahng-ss)*
facile *(fah-seell)*
pour y aller *(pourr-ee-ah-leh)*
toujours *(too-j-oorr)*
TGV *(teh j-eh veh)*
plus vite *(plew veett)*
trains de banlieue *(trehng duh bahng-lee-uh)*
ne vont pas aussi vite *(nuh vohng pah oh-see veett)*

2. VERBES

Boire
To drink

C'est un verbe irrégulier.

présent	
je bois *(bwha)*	**nous buvons** *(bew-vohng)*
tu bois *(bwha)*	**vous buvez** *(bew-veh)*
il/elle/on boit *(bwha)*	**ils/elles boivent** *(bwha-vv)*

Example: **Thomas Sorel boit toujours du thé.**
        Thomas Sorel always drinks tea.

Unless we mention specifically that a verb uses **être** in the past tense, assume that it uses **avoir** (most verbs do):

passé composé	
j' ai bu	je n'ai pas bu
tu as bu	tu n'as pas bu
il/elle/on a bu	il/elle/on n'a pas bu
nous avons bu	nous n'avons pas bu
vous avez bu	vous n'avez pas bu
ils/elles ont bu	ils/elles n'ont pas bu

Examples: **Nathalie a bu du café.**
         Natalie drank coffee.

Je n'ai pas bu de champagne!
I didn't drink any champagne!

Les enfants ont-ils bu du lait?
Did the children drink milk?

3. QUELQUE CHOSE/RIEN

Quelque chose/rien
Something/nothing

Example: **Nathalie boit quelque chose: elle boit du café.**
Natalie is drinking something: she is drinking coffee.

The opposite would be:

Nathalie ne boit rien.
Natalie isn't drinking anything.

Other examples:

Tu manges quelque chose: tu manges un sandwich.
You are eating something: you are eating a sandwich.

Tu ne manges rien.
You aren't eating anything./You don't eat anything./You eat nothing.

Est-ce que vous écrivez quelque chose? – Non, je n'écris rien.
Are you writing anything? – No, I am not writing anything./No, I'm not.

Ces employés ne font rien au bureau!
Those workers do nothing at the office!

Lisez-vous quelque chose maintenant? (Répondez, s'il vous plaît!)
Are you reading anything now? (Answer, please!)

4. QUELQU'UN/PERSONNE

Quelqu'un/personne
Somebody/nobody

Example: **Je vois quelqu'un: je vois M. Sorel!**
I see somebody: I see Mr Sorel!

The opposite would be:

Je ne vois personne.
I don't see anybody.

Other examples:

Nous écoutons quelqu'un: nous écoutons Nathalie.
We are listening to someone: we're listening to Natalie.

Nous n'écoutons personne!
We aren't listening to anybody!

Notice the possible variations on the negative construction
ne . . . pas:

– **ne** is still used before the verb

– **personne**, **rien**, **jamais**, etc. are used after the verb (instead of **pas**)

Examples: **Vous ne voyez personne.**
You don't see anyone.

On ne dit rien?
We say nothing?

Thomas ne boit jamais de café.
Thomas never drinks coffee.

5. QUEL ÂGE AVEZ-VOUS?

Quel âge avez-vous?
How old are you?

In French, the question "How old are you?" is asked using the verb
avoir (to have).

Quel âge as-tu?
How old are you?

Quel âge a Paul?
How old is Paul?

Quel âge ont les neveux de M. Sorel?
How old are Mr Sorel's nephews?

The answers also use **avoir**:

J'ai trente ans.
I am thirty years old.

Il a dix-sept ans.
He is seventeen.

Ils ont douze ans, huit ans et cinq ans.
They are twelve, eight and five.

6. ÊTRE + EN TRAIN DE + infinitif

Être en train de . . .
To be in the process of doing something

je suis en train de . . .	nous sommes en train de . . .
tu es	vous êtes
il est	ils sont

In English, this is often just the gerund:

Je lis   **Je suis en train de lire**.
I read   I am reading (with more emphasis on the
I am reading   progression of the action.)

Mme Sorel sert du café.   **Mme Sorel est en train de servir du café.**
Mrs Sorel serves coffee.   Mrs Sorel is serving coffee.

Qu'est-ce que vous dites?   **Qu'est-ce que vous êtes en train de dire?**
What do you say?   What are you saying?
What are you saying?

Nous sommes en train de boire du thé.
We are drinking tea.

Mes amis ne sont pas en train de regarder la télé.
My friends are not watching television.

Êtes-vous en train de lire cette section?
Are you in the process of reading this section?

7. LES COMPARATIFS

Les comparatifs
The comparatives

plus + adjectif + que
more + adjective + than

Paris est plus grand que Marseille.
Paris is larger than Marseilles.

Mon appartement est plus petit que le vôtre.
My apartment is smaller than yours.

> **moins + adjectif + que**
> less + adjective + than

Le train va <u>moins vite</u> que l'avion.
The train goes less quickly/doesn't go as fast as the plane.

Les trains de banlieue vont <u>moins vite que</u> le TGV.
The commuter trains don't go as fast as the TGV.

> **aussi + adjectif + que**
> as + adjective + than

Pierre est <u>aussi intelligent que</u> Jacques.
Peter is as intelligent as James.

Albert est <u>aussi gentil que</u> Paul.
Albert is as nice as Paul.

Je suis <u>aussi fatigué que</u> vous!
I am as tired as you!

8. LA PLACE DU PRONOM

La place du pronom
The position of the pronoun

Vous <u>m</u>'avez parlé/vous pouvez <u>me</u> parler
You spoke to me/you can speak to me

Notice the difference in the position of an object pronoun in a sentence:

In the "passé composé," the object pronoun is always placed <u>before</u> <u>avoir</u> or <u>être</u>.

Examples: **Je <u>l</u>'ai lu.**
I have read it.

Nous <u>leur</u> avons dit bonjour.
We said hello to them.

Vous ne <u>m</u>'avez pas écouté.
You didn't listen to me.

Tu <u>y</u> es allé.
You went there.

But remember (Lesson 10) that when you use a modifying verb (such as **pouvoir**, **vouloir**, **savoir**, **espérer**, **aimer**, **aller**, etc.) + infinitive, the object pronoun is always placed <u>before the infinitive</u>.

Examples: **Vous pouvez <u>me</u> parler.**
You can speak to me.

Je ne veux pas <u>y</u> aller.
I don't want to go there.

Nous espérons <u>le</u> lire.
We hope to read it.

Tu vas <u>lui</u> dire bonjour.
You are going to say hello to him.

VOCABULAIRE

parlons: let's talk
parlons de la famille: let's talk about our family

sont allés: have gone

pour leur dire bonjour: to say hello to them

nos quatre amis: our 4 friends
sont assis: are sitting
le living-room: the living room

la femme: the wife
le mari: the husband

chéri: dear

de la famille: of the family

un frère: a brother
une soeur: a sister

un oncle: an uncle
soixante ans: 60 years
un oncle qui a soixante ans: an uncle who's 60 years old

célibataire: unmarried, single

marié/mariée: married

un enfant: a child

trois enfants *(trwha-z-ahng-fahng)*: three children

un fils: a son
une fille: a daughter

le père: the father
la mère: the mother

le grand-père: the grandfather
la grand-mère: the grandmother

un neveu: a nephew
les neveux: the nephews

une nièce: a niece
les nièces: the nieces

les parents: the parents
chez mes parents: at my parents' house

un cousin: a cousin (male)
une cousine: a cousin (female)

en train de servir: serving
encore du café: more coffee
je veux bien: Yes, thank you
sans: without
le sucre: the sugar
encore un peu: a little more
encore un peu de café: a little more coffee
pas pour moi: not for me
la caféine: the caffeine
de la caféine: some caffeine

vous savez: you know
comme: like, as

boit: he/she/it drinks
boire: to drink

je préfère: I prefer

contient: contains

moins: less
beaucoup moins: much less

il faut boire: you need to drink
il faut bien boire: you certainly need to drink

quelque chose: something
quelqu'un: someone

vous m'avez dit: you told me
vous venez du Canada: you come from Canada

à Montréal: in Montreal
à Québec: in Quebec

quel âge: what age
douze ans: 12 years (old)
il a douze ans: he's 12 years old
elles ont huit ans et cinq ans: they are 8 years old and 5 years old

vous habitez: you live
j'habite: I live
habiter (regular "er" verb): to live

la banlieue: the suburbs/outskirts
parisien/parisienne: Parisian

pour venir: in order to come

le train: the train

c'est pourquoi: that's why

je cherche: I look for
chercher (regular "er" verb): to look for

plus petit que: smaller than
pas aussi vite: not as fast

le vôtre/la vôtre/les vôtres/les vôtres: yours

le journal: the newspaper

trouver (regular "er" verb): to find
rien: nothing
je ne trouve rien: I find nothing

le centre: the center
en plein centre: right in the center

c'est ça: that's what

difficile: difficult
facile: easy
c'est ça qui est difficile: that's what's difficult

pressé/pressée/pressés/pressées: in a hurry

un instant: a moment
pour l'instant: for the moment

mal: bad(ly)
pas si mal: not so bad

près de chez nous: near our house
même: same
dans la même banlieue: in the same suburb

un studio: a studio

Montparnasse: Montparnasse is a part of Paris, on the left bank.
Lyon: the city of Lyons

je leur téléphone: I telephone them
je vais les voir: I go to see them
pour y aller: in order to get there

le TGV (le Train à Grande Vitesse): the fastest train in France
un train de banlieue: a commuter train

AUTRE VOCABULAIRE

cet après-midi: this afternoon

jamais: never
souvent: often

malheureusement: unfortunately

et puis: and then
enfin: at last, finally

dès que: whenever

des vacances: vacation

EXERCICE

RÉPONDEZ D'APRÈS LE DIALOGUE

1. Albert et Nathalie sont-ils allés chez vous?

2. Chez qui sont-ils allés?

3. Qu'est-ce que Mme Sorel est en train de servir?

4. Est-ce qu'ils boivent du champagne?

5. Nathalie prend-elle son café avec du sucre, ou sans sucre?

6. Est-ce que Thomas Sorel boit du café?

7. Qu'est-ce qu'il préfère?

8. Est-ce que l'oncle de M. Sorel habite à Montréal ou à Québec?

9. Quel âge a l'oncle de M. Sorel?

10. La soeur de M. Sorel est-elle mariée ou célibataire?

11. Combien d'enfants a-t-elle?

12. Nathalie habite-t-elle avec Albert?

13. Avec qui Nathalie habite-t-elle?

14. Nathalie cherche-t-elle un appartement plus grand ou plus petit que l'appartement des Sorel?

15. Est-ce qu'elle trouve quelque chose dans le journal?

16. Albert va-t-il voir quelqu'un à Lyon?

17. Est-ce qu'Albert va à Lyon en avion?

18. Quel train prend-il pour aller à Lyon?

19. Quand est-ce qu'il y va?

20. Les trains de banlieue vont-ils aussi vite que le TGV?

"TOUT EST BIEN QUI FINIT BIEN"
"ALL'S WELL THAT ENDS WELL"

un voyageur	**Pardon, Mademoiselle. Vous n'avez pas vu une petite valise bleue? Je l'ai laissée ici.** Pardon me. Have you seen a small blue suitcase? I left it here.
une voyageuse	**Ici? Non, monsieur.** Here? No, I haven't.
le voyageur	**Oh là là, j'ai perdu ma valise! C'est catastrophique! Tous mes vêtements et mes articles de toilette sont dans cette valise!** Oh no, I have lost my suitcase! It's terrible! All my clothes and my toiletries are in that suitcase!
la voyageuse	**Vous allez peut-être la retrouver. Voyons . . . Où êtes-vous allé avec votre valise? Est-ce que vous vous rappelez?** Maybe you will find it. Think . . . Where did you go with your suitcase? Do you remember?

le voyageur	Je suis parti de chez moi avec la valise. Je suis arrivé à la gare. Je suis entré dans le bureau de change. J'ai mis la valise à côté de moi. J'ai fait la queue pour changer de l'argent. Hum . . . La valise est peut-être restée derrière moi. Ensuite, je suis sorti prendre ma voiture. Malheureusement, je suis sorti du bureau de change sans la valise!
	I left home with the suitcase. I arrived at the train station. I went into the currency exchange bureau. I put the suitcase next to me. I stood in line to exchange some money. Hum . . . Maybe the suitcase stayed behind me. Then, I went out to get my car. Unfortunately, I went out of the currency exchange bureau without my suitcase!
la voyageuse	Regardez la valise qui est là-bas, devant l'escalier. Est-ce la vôtre?
	Look at the suitcase that's over there, in front of the staircase. Is it yours?
le voyageur	Non, la mienne n'est pas aussi grande. Et elle n'est pas de cette couleur. Zut alors!
	No, mine is not as large. And it's not that color. Darn!
la voyageuse	De quelle couleur est la vôtre?
	What color is yours?
le voyageur	Elle est bleue. Où se trouve le Bureau des Objets Trouvés?
	It's blue. Where is the Lost and Found Office?
la voyageuse	Au fond de la gare. Et cette autre valise là-bas, sur le comptoir? Ce n'est pas la vôtre?
	At the end of the station. And that other suitcase over there, on top of the counter? Isn't it yours?
le voyageur	Non, non . . . La mienne a des roues, comme la valise que transporte ce porteur, là-bas. Mais . . . c'est la mienne! Bleue, avec des roues! Oui, c'est la mienne! Monsieur! Monsieur!
	Mine has wheels, like the suitcase that this porter is carrying, over there. But . . . it *is* mine! Blue, with wheels! Yes, it's mine! Mister! Sir!
un porteur de bagages	Moi?
	Me?

le voyageur	**Oui! Cette valise! Cette valise que vous transportez! Où l'avez-vous trouvée?** Yes! This suitcase! This suitcase that you are carrying! Where did you find it?
le porteur	**Mais devant le bureau de change, avec les autres bagages!** In front of the currency exchange bureau, with the other luggage!
le voyageur	**Les autres bagages? Quels autres bagages?** The other luggage? What other luggage?
le porteur	**Les bagages du groupe! J'ai pris toutes les valises en même temps.** The luggage of the group. I took all the suitcases at the same time.
le voyageur	**Eh bien, vous vous êtes trompé! Moi, je ne suis pas avec ce groupe! Et vous avez pris ma valise!** Well, you made a mistake! I am not with that group! And you took my suitcase!
le porteur	**C'est vrai, je me suis trompé! J'ai pris la vôtre par erreur. Excusez-moi, monsieur. Je suis désolé.** It's true, I made a mistake! I took yours by mistake. I am sorry, sir. I am truly sorry.
le voyageur	**Bon, bon, ça va. Il n'y a pas de mal. Je suis trop content de la retrouver!** Well, it's all right. There is no harm done. I am so happy to find it!
la voyageuse	**Vous voyez! "Tout est bien qui finit bien."** You see! "All's well that ends well."
le voyageur	**Oui. Et merci à vous, mademoiselle, d'avoir été aussi gentille. Vous habitez à Paris?** Yes. And thank you, Miss, for having been so nice. Do you live in Paris?

1. PRONONCIATION

tout est bien qui finit bien *(too-t-eh bee-ehng kee feenee bee-ehng)*
voyageur *(vwha-ya-j-urr)*
pardon *(pahr-dohng)*
vous n'avez pas vu *(voo nah-veh pah vew)*
bleue *(bluh)*

je l'ai laissée *(j-uh leh leh-seh)*
j'ai perdu *(j-eh pair-dew)*
catastrophique *(kah-tahss-troe-feek)*
tous mes vêtements *(too meh vett-mahng)*
mes articles de toilettes *(meh-z-ahr-tee-kl duh twha-let)*
peut-être *(puh-tetrr)*
retrouver *(ruh-troo-veh)*
où êtes-vous allé *(oo ett voo ah-leh)*
vous vous rappelez *(voo voo rah-puh-leh)*
chez moi *(sheh m-wha)*
gare *(gahr)*
je suis entré *(j-uh swee-z-ahng-treh)*
change *(sh-ahng-jj)*
à côté de moi *(ah co-teh duh m-wha)*
j'ai fait la queue *(j-eh feh lah kuh)*
pour changer *(pourr shahng-j-eh)*
de l'argent *(duh lahr-j-ahng)*
derrière moi *(der-ree-er m-wha)*
ma voiture *(mah v-wha-tewrr)*
sans la valise *(sahng lah vah-leez)*
devant *(duh-vahng)*
l'escalier *(less-kah-lee-yeh)*
la mienne *(lah mee-enn)*
pas aussi grande *(pah-z-oe-see grahng-dd)*
de cette couleur *(duh set koo-lurr)*
zut alors *(zew-tt-ah-lorr)*
de quelle couleur *(duh kell koo-lurr)*
où se trouve *(oo suh troo-v)*
bureau des objets trouvés *(bew-roe deh-z-ohb-j-eh troo-veh)*
au fond *(oe fohng)*
cette autre valise *(set otrr vah-leez)*
sur le comptoir *(sewr luh kohng-t-whar)*
des roues *(deh roo)*
transporte *(trahng-ss-pohr-tt)*
que vous transportez *(kuh voo trahng-ss-pohr-teh)*
l'avez-vous trouvée *(lah-veh voo troo-veh)*
les autres bagages *(leh-z-otrr bah-gah-j)*
quels autres bagages? *(kell-z-otrr bah-gah-jj)*
du groupe *(dew groop)*
toutes les valises *(toot leh vah-leez)*
en même temps *(ahng memm tahng)*
eh bien *(eh bee-ehng)*
vous vous êtes trompé *(voo voo-z-ett trohm-peh)*
je me suis trompé *(j-uh muh swee trohm-peh)*

par erreur *(pahr err-ur)*
excusez-moi *(ex-kew-zeh m-wha)*
désolé *(deh-zoh-leh)*
trop content *(troh cohng-tahng)*
de la retrouver *(duh lah ruh-troo-veh)*
d'avoir été *(dah-v-whar eh-teh)*

2. LES VERBES PRONOMINAUX

Les verbes pronominaux
Reflexive verbs

Ce sont des verbes avec deux pronoms de la même personne.
(suh sohng deh vehr-bb ah-vek duh proe-nohng duh lah memm pehr-sonn)
They are verbs with two pronouns of the same person.

---

se tromper
to make a mistake

je <u>me</u> trompe *(trohmp)*	je ne <u>me</u> trompe pas
tu <u>te</u> trompes *(trohmp)*	tu ne <u>te</u> trompes pas
il/elle/on <u>se</u> trompe *(trohmp)*	il ne <u>se</u> trompe pas
nous <u>nous</u> trompons *(trohm-pohng)*	nous ne <u>nous</u> trompons pas
vous <u>vous</u> trompez *(trohm-peh)*	vous ne <u>vous</u> trompez pas
ils/elles <u>se</u> trompent *(trohm-pp)*	ils ne <u>se</u> trompent pas

---

Notice the presence of "<u>se</u>" in the infinitive of a reflexive verb (<u>se</u> tromper). According to the different subjects, this "<u>se</u>" becomes: <u>me</u>, <u>te</u>, <u>se</u> (or <u>s</u>'), <u>nous</u>, <u>vous</u>, <u>se</u> (or <u>s</u>').

Si je dis que Paris est une petite ville, <u>je me trompe</u>: Paris est une grande ville!
If I say that Paris is a small town, I am mistaken: Paris is a big city!

Ce voyageur a perdu un parapluie. Non, <u>vous vous trompez</u>: il a perdu une valise.
This traveler has lost an umbrella. No, you are mistaken: he has lost a suitcase.

In the negative, "**ne**" is placed immediately after the subject:

<u>On ne</u> se trompe pas: le porteur a pris la valise!
We are not mistaken: the porter took the suitcase!

In addition to the list of specific verbs that use être in the "**passé** composé" (<u>aller</u>, <u>venir</u>, <u>rester</u>, <u>descendre</u>, etc., see Lesson 13), all reflexive verbs, without exception, use être in the "**passé composé.**"

---

je me <u>suis</u> trompé *(j-uh muh swee trohm-peh)*
tu t' <u>es</u> trompé *(tew teh trohm-peh)*
il s' <u>est</u> trompé *(eel seh trohm-peh)*
nous nous <u>sommes</u> trompés *(noo noo summ trohm-peh)*
vous vous <u>êtes</u> trompés *(voo voo-z-ett trohm-peh)*
ils se <u>sont</u> trompés *(eel suh sohng trohm-peh)*

je ne me <u>suis</u> pas trompé
tu ne t' <u>es</u> pas trompé
il ne s' <u>est</u> pas trompé
nous ne nous <u>sommes</u> pas trompés
vous ne vous <u>êtes</u> pas trompés
ils ne se <u>sont</u> pas trompés

Notice the "s" at the end of "<u>trompés</u>." It is added to the past participle (here, <u>trompé</u>) when the past participle is that of a verb taking <u>être</u> (here, <u>se tromper</u>) with a <u>plural</u> subject (<u>nous</u>, <u>vous</u>, <u>ils</u>). The agreement can also be with a <u>feminine</u> subject (<u>elle</u>, <u>elles</u>). An "e" is then added. Examples:

Je ne suis pas avec ce groupe. <u>Vous vous êtes trompée</u>, madame. (<u>vous</u>, feminine singular)
I am not with this group. You made a mistake, madam.

Excusez-moi, <u>nous nous sommes trompés</u>. (<u>nous</u>, masculine plural)
I am sorry, we have made a mistake.

Bravo! Ces étudiantes <u>ne se sont pas trompées</u>!
(<u>étudiantes</u>, feminine plural)
Bravo! These female students didn't make a mistake!

One parenthetical remark here, about the agreement of past participles. In the dialog, you may have noticed another kind of agreement of a past participle: when the past participle is that of a verb taking <u>**avoir**</u> with a <u>direct object</u> placed earlier in the sentence.

Examples: **Je <u>l</u>'ai laissée ici.** (<u>l</u>' = <u>valise</u>, feminine singular)
I have left it here.

Où <u>l</u>'avez-vous trouvée?
Where did you find it?

Voici mes livres. Je <u>les</u> ai lu<u>s</u>. (<u>les</u> = <u>livres</u>, masculine plural)
Here are my books. I have read them.

Now back to reflexive verbs:

se trouver is another reflexive verb.
to be located/to be situated

Le Bureau des Objets Trouvés <u>se trouve</u> au fond de la gare.
The Lost and Found Office is located at the end of the station.

Où <u>se trouve</u> le jardin des Tuileries?
Where is the garden of the Tuileries located?

Vous vous trompez! Le Louvre <u>ne se trouve pas</u> à Lyon!
You are mistaken! The Louvre is not located in Lyons!

<u>Je me trouve</u> à Paris.
I am in Paris.

Hier, <u>je me suis trouvé</u> devant l'école à midi.
Yesterday, I found myself in front of the school at noon.

Maintenant, est-ce que <u>vous vous trouvez</u> à l'aéroport?
Now, are you at the airport?

se rappeler is also reflexive.
to recall/to remember

Est-ce que <u>vous vous rappelez</u> quelque chose?
Do you remember anything?

<u>Nous ne nous rappelons</u> pas où nous avons mis nos clés!
We don't remember where we put our keys!

Hier, <u>je me suis rappelé</u> mes vacances en Suisse.
Yesterday, I remembered my vacation in Switzerland.

Other reflexive verbs:

<u>se</u> regarder
to look at oneself

<u>se</u> servir
to serve oneself – to help oneself/to serve one another

<u>s</u>'écrire
to write to each other/to one another

etc.

3. LES COULEURS

Les couleurs
The colors

De quelle couleur est le lait?
What color is milk?

Le lait est blanc.
Milk is white.

Le vin est rouge ou blanc.
Wine is red or white.

Le terrain de football est vert.
The soccer field is green.

Le canari est jaune.
The canary is yellow.

L'uniforme des agents de police est bleu.
The policemen's uniform is blue.

Je n'aime pas le lait: je bois du café noir.
I don't like milk: I drink black coffee.

Ensemble, le blanc et le noir font le gris.
Together, white and black make gray.

Other examples (notice the usual agreement of the adjectives with the nouns):

À New York, les taxis sont jaunes.
In New York, taxi cabs are yellow.

Ce film n'est pas en couleur: il est en noir et blanc.
This movie is not in color: it's in black and white.

Ta valise est-elle verte?
Is your suitcase green?

Non! Elle n'est pas de cette couleur!
No, it's not that color!

Est-elle grise? Noire? Blanche? Rouge? Jaune? Orange?
Is it gray? Black? White? Red? Yellow? Orange?

De quelle couleur est-elle?
What color is it?

Elle est bleue. C'est une valise bleue. C'est une petite valise bleue!
It's blue. It's a blue suitcase. It's a small blue suitcase!

4. TOUT/TOUTE/TOUS/TOUTES

Tout, toute, tous, toutes
All

J'ai bu <u>tout</u> le café.
I drank all the coffee.

(**"café"** is masculine and singular: <u>le</u> café – <u>tout</u>)

Vous travaillez <u>toute</u> la semaine.
You work the whole week.

(**"semaine"** is feminine and singular: <u>la</u> semaine – <u>toute</u>)

<u>Tous</u> les vêtements sont dans le sac.
All my clothes are in the bag.

(<u>vêtements</u> is masculine and plural: <u>les</u> vêtements – <u>tous</u>)

Le porteur a pris <u>toutes</u> les valises!
The porter took every suitcase!

(**"valises"** is feminine and plural: <u>les</u> valises – <u>toutes</u>)

Tout, also, has the meaning of: "everything."

Example: **"<u>Tout</u> est bien qui finit bien!"**
Everything is well . . . "All's well that ends well!"

5. LES PRÉPOSITIONS

Les prépositions
The prepositions

J'ai mis ma valise <u>à côté de</u> moi.
I have put my suitcase next to me.

Le Bureau des Objets Trouvés est <u>au fond de</u> la gare.
The Lost and Found Office is at the end of the station.

Study them with their opposites, whenever they have one:

La leçon 14 est <u>avant</u> la leçon 15. La leçon 16 est <u>après</u> la leçon 15.
Lesson 14 is before lesson 15. Lesson 16 is after lesson 15.

Il faut écrire l'adresse <u>sur</u> l'enveloppe.
One must write the address on the envelope.

Qu'est-ce qu'il y a <u>sous</u> la table?
What is there under the table?

Regardez la valise qui est <u>devant</u> l'escalier!
Look at the suitcase that's in front of the stairs.

Il y a une autre voiture <u>derrière</u> nous!
There is another car behind us.

Je suis allé <u>à</u> la gare.
I went to the station.

M. Sorel vient <u>de</u> Montréal.
Mr Sorel comes from Montreal.

6. LES PRONOMS POSSESSIFS

Les pronoms possessifs
Possessive pronouns (mine, yours, etc.)

<u>le</u> mien/<u>la</u> mienne/<u>les</u> miens/<u>les</u> miennes
(luh mee-ehng/lah me-enn/leh mee-ehng/leh mee-enn)
mine

le tien/la tienne/les tiens/les tiennes
yours (familiar)

le sien/la sienne/les siens/les siennes
his, or hers

le nôtre/la nôtre/les nôtres/les nôtres
ours

le vôtre/la vôtre/les vôtres/les vôtres
yours (formal, or plural)

le leur/la leur/les leurs/les leurs
(luh lurr/lah lurr/leh lurr/leh lurr)
theirs

Examples: **Ce n'est pas ma valise! <u>La mienne</u> est plus petite.**
(<u>valise</u>, feminine singular)
That is not my suitcase! Mine is smaller.

<u>La nôtre</u> a des roues.
Ours has wheels.

Voyez-vous ces bagages? Ce sont <u>les miens</u>.
(<u>bagages</u>, masculine plural)
Do you see this luggage? It's mine.

Je cherche un appartement plus petit que <u>le vôtre</u>.
(<u>appartement</u>, masculine singular)
I'm looking for an apartment smaller than yours.

Nos cartes sont rouges. De quelle couleur sont <u>les vôtres</u>?
(<u>cartes</u>, feminine plural)
Our cards are red. What color are yours?

Tu as ta voiture. Est-ce qu'ils ont <u>la leur</u>?
(<u>voiture</u>, feminine singular)
You have your car. Do they have theirs?

VOCABULAIRE

tout: everything
bien: well

un voyageur: a traveler (male)
une voyageuse: a traveler (female)

je l'ai laissée: I left it
laisser (regular "er" verb): to leave behind/to forget

j'ai perdu: I lost
perdre (regular "re" verb): to lose
retrouver (regular "er" verb): to find again

catastrophique: terrible, disastrous

mes vêtements: my clothes
un vêtement: a piece of clothing

mes articles de toilette: my toiletries
un article de toilette: a toiletry article

vous vous rappelez: you remember

la gare: the station
le bureau de change: the currency exchange bureau

j'ai fait la queue: I stood in line

changer: to change
l'argent: money
de l'argent: some money

je suis sorti prendre ma voiture: I went out to get my car
une voiture: a car

l'escalier: the staircase
un escalier: a staircase

la mienne: mine (feminine singular)
pas aussi grande: not so big
la couleur: the color
de quelle couleur: what color

se trouver: is, be situated

objets trouvés: lost property
un objet: an object

au fond de la gare: at the back of the station

le comptoir: the counter

les roues: the wheels
une roue: a wheel

transporter (regular "er" verb): to carry, transport

les autres bagages: the other luggage
quels autres bagages?: what other luggage?
les bagages du groupe: the group's luggage
le groupe: the group

vous vous êtes trompé: you were wrong
je me suis trompé: I was wrong

par erreur: by mistake

excusez-moi: excuse me
je suis désolé: I am sorry
il n'y a pas de mal: there is no harm done

trop content de la retrouver: too happy to find it
content/contente/contents/contentes: happy

AUTRE VOCABULAIRE

peut-être: perhaps

devant: in front of
derrière: behind
avec: with
sans: without
sur: on
sous: under

à côté de: beside
au fond de: at the end of

autre/autre/autres/autres: other

en même temps: at the same time

vous voyez!: you see

merci d'avoir été: thank you for having been

EXERCICE

RÉPONDEZ D'APRÈS LE DIALOGUE

1. Nos deux voyageurs sont-ils dans un aéroport, ou dans une gare?
2. Savez-vous où est le Bureau des Objets Trouvés, dans cette gare?
3. Est-ce que le monsieur cherche son parapluie?
4. Qu'est-ce qu'il cherche?
5. Il a perdu cette valise, n'est-ce pas?
6. Il voit une valise devant l'escalier. Est-ce que c'est la sienne?
7. La sienne est-elle plus petite, ou plus grande?
8. Est-ce qu'elle est de la même couleur?
9. De quelle couleur est la sienne: grise, blanche, verte, ou bleue?
10. Qu'est-ce qu'il y a dans sa valise?
11. A-t-il laissé sa valise chez vous?
12. A-t-il donné sa valise à un ami?
13. Il est arrivé à la gare avec la valise, n'est-ce pas?
14. Est-ce qu'il a mis la valise dans le train?
15. Est-il entré dans le bureau de change avec la valise?
16. A-t-il mis la valise sur le comptoir du bureau de change?
17. Dans ce bureau, le voyageur a-t-il fait la queue?
18. Il a attendu pour changer de l'argent, n'est-ce pas?
19. Est-il sorti du bureau de change avec sa valise?
20. Est-il allé prendre un taxi, ou prendre sa voiture?
21. En général, les porteurs transportent-ils beaucoup de bagages?
22. Ce porteur a pris toutes les valises, n'est-ce pas?
23. Et il a pris la valise de notre ami en même temps, c'est ça?

24. Est-ce qu'il s'est trompé?

25. Le voyageur est-il content de retrouver sa valise?

26. Est-ce que la voyageuse a été gentille?

27. Sait-on où elle habite?

28. Mais le voyageur veut le savoir, pas vrai?

RÉCAPITULATION DES LEÇONS 13 À 15
RECAPITULATION OF LESSONS 13 TO 15

1. RELISEZ

Relisez à haute voix les dialogues 13 à 15
Read again dialogs 13 through 15 out loud

Dialogue 13 POURRIEZ-VOUS M'INDIQUER LE CHEMIN?

un touriste, *à Paris*	Pardon, monsieur l'agent . . . Je voudrais aller au musée du Louvre. Pourriez-vous m'indiquer le chemin, s'il vous plaît?
un agent *de la circulation*	Mais certainement, monsieur. Voyons . . . Où sommes-nous? Ah, oui! Descendez cette rue jusqu'au boulevard des Italiens. C'est le boulevard que vous voyez là-bas. Quand vous arrivez au boulevard des Italiens, tournez à droite. Ensuite, allez tout droit jusqu'à la place de l'Opéra. À la place de l'Opéra, tournez à gauche. Prenez l'avenue de l'Opéra. Continuez tout droit, jusqu'au rond-point de la Comédie Française.
le touriste	Oh là là! C'est loin!
l'agent	Mais non, c'est à vingt minutes, à pied!
le touriste	Vraiment? Bon. Alors j'arrive au rond-point de la Comédie Française, et après?

l'agent	Après, c'est très facile. Traversez la rue de Rivoli, qui est en face de vous. Marchez en direction du jardin des Tuileries. Et voilà, vous êtes arrivé!
le touriste	Je suis arrivé? Où?
l'agent	Mais à l'esplanade des Tuileries! Vous allez reconnaître la pyramide qui se trouve au milieu!
le touriste	Ah oui, la grande pyramide du Louvre! C'est là que se trouve l'entrée du musée, n'est-ce pas? Je l'ai lu dans une brochure.
l'agent	Oui, c'est là qu'on vend les billets pour visiter le Louvre.
le touriste	Merci bien, monsieur l'agent. Au revoir.
l'agent	Au revoir, monsieur. Et bonne promenade!

Dialogue 14 *PARLONS DE LA FAMILLE*

Cet après-midi, Albert et Nathalie sont allés chez M. et Mme Sorel pour leur dire bonjour. Maintenant, nos quatre amis sont assis dans le living room de la famille Sorel. La femme de M. Sorel est en train de servir du café.

Mme Sorel	Encore du café, Nathalie?
Nathalie	Oui, je veux bien, merci. Sans sucre, s'il vous plaît.
Mme Sorel	Et vous, Albert? Encore un peu de café?
Albert	Non, pas pour moi, merci. La caféine, vous savez . . .
Mme Sorel	Ah, vous êtes comme mon mari! Thomas ne boit jamais de café.
M. Sorel	C'est vrai, je préfère le thé.
Mme Sorel	Malheureusement, chéri, le thé aussi contient de la caféine!
M. Sorel	Moins. Beaucoup moins. Et puis, il faut bien boire quelque chose!
Nathalie	Vous m'avez dit que vous venez du Canada. Avez-vous de la famille, là-bas?
M. Sorel	Oh oui! J'ai un frère et une soeur à Montréal. Et j'ai aussi quelqu'un à Québec: un oncle, qui a soixante ans. Mon frère est célibataire – comme vous, Albert! Ma soeur est mariée. Elle a trois enfants: un fils et deux filles.
Nathalie	Quel âge ont vos neveux?
M. Sorel	Le garçon a douze ans. Mes nièces ont huit ans et cinq ans.
Mme Sorel	Et vous, Nathalie, où habitez-vous?
Nathalie	Moi, j'habite dans la banlieue parisienne, avec mon père, ma mère, mon grand-père et ma grand-mère.

M. Sorel	Mais vous travaillez à Paris? Dans une banque, n'est-ce pas?
Nathalie	Oui. Pour venir, je prends le train. C'est pourquoi je cherche un appartement à Paris (un appartement plus petit que le vôtre, bien sûr!). Je regarde dans le journal. Mais je ne trouve rien.
Albert	Tu veux quelque chose en plein centre! C'est ça qui est difficile!
Nathalie	Oui, je sais. Enfin, je ne suis pas pressée. Pour l'instant, je ne suis pas si mal chez mes parents. Et puis, j'ai mes cousins et mes cousines qui habitent près de chez nous, dans la même banlieue.
Mme Sorel	Et vous, Albert? Vous habitez aussi avec votre famille?
Albert	Non, j'ai un studio près de Montparnasse. Mes parents sont à Lyon. Je leur téléphone souvent. Et je vais les voir dès que j'ai des vacances. C'est facile. Pour y aller, je prends toujours le TGV. Ça va plus vite.
Nathalie	Malheureusement, les trains de banlieue ne vont pas aussi vite!

Dialogue 15 "TOUT EST BIEN QUI FINIT BIEN"

un voyageur	Pardon, Mademoiselle. Vous n'avez pas vu une petite valise bleue? Je l'ai laissée ici.
une voyageuse	Ici? Non, monsieur.
le voyageur	Oh là là, j'ai perdu ma valise! C'est catastrophique! Tous mes vêtements et mes articles de toilette sont dans cette valise!
la voyageuse	Vous allez peut-être la retrouver. Voyons . . . Où êtes-vous allé avec votre valise? Est-ce que vous vous rappelez?
le voyageur	Je suis parti de chez moi avec la valise. Je suis arrivé à la gare. Je suis entré dans le bureau de change. J'ai mis la valise à côté de moi. J'ai fait la queue pour changer de l'argent. Hum . . . La valise est peut-être restée derrière moi. Ensuite, je suis sorti prendre ma voiture. Malheureusement, je suis sorti du bureau de change sans la valise!
la voyageuse	Regardez la valise qui est là-bas, devant l'escalier. Est-ce la vôtre?
le voyageur	Non, la mienne n'est pas aussi grande. Et elle n'est pas de cette couleur. Zut alors!
la voyageuse	De quelle couleur est la vôtre?
le voyageur	Elle est bleue. Où se trouve le Bureau des Objets Trouvés?

la voyageuse	Au fond de la gare. Et cette autre valise là-bas, sur le comptoir? Ce n'est pas la vôtre?
le voyageur	Non, non . . . La mienne a des roues, comme la valise que transporte ce porteur, là-bas. Mais . . . c'est la mienne! Bleue, avec des roues! Oui, c'est la mienne! Monsieur! Monsieur!
un porteur de bagages	Moi?
le voyageur	Oui! Cette valise! Cette valise que vous transportez! Où l'avez-vous trouvée?
le porteur	Mais devant le bureau de change, avec les autres bagages!
le voyageur	Les autres bagages? Quels autres bagages?
le porteur	Les bagages du groupe! J'ai pris toutes les valises en même temps.
le voyageur	Eh bien, vous vous êtes trompé! Moi, je ne suis pas avec ce groupe! Et vous avez pris ma valise!
le porteur	C'est vrai, je me suis trompé! J'ai pris la vôtre par erreur. Excusez-moi, monsieur. Je suis désolé.
le voyageur	Bon, bon, ça va. Il n'y a pas de mal. Je suis trop content de la retrouver!
la voyageuse	Vous voyez! "Tout est bien qui finit bien."
le voyageur	Oui. Et merci à vous, mademoiselle, d'avoir été aussi gentille. Vous habitez à Paris?

EXERCICES

1 CHOISISSEZ LE MOT APPROPRIÉ

Exemple: Je voudrais t'<u>indiquer</u> le chemin. (arriver/indiquer/aller)

1. Ce monsieur est un ＿＿ de la circulation.
(musée/touriste/agent)

2. Pour ＿＿ , prenez l'ascenseur. (descendre/lire/visiter)

3. Il faut tourner à ＿＿ .(là-bas/droite/droit)

4. Le boulevard Haussmann, c'est le boulevard que nous voyons à ＿＿ . (gauche/droit/milieu)

5. Continuez ＿＿ la place de l'Opéra.
(jusqu'au/jusqu'à/jusqu'aux)

6. Où se trouve le ＿＿ de la Comédie Française?
(rue/place/rond-point)

7. Mais non, ce n'est pas loin, c'est ____ ! (près/à pied/bon)

8. Le Louvre est ____ trente minutes d'ici. (de/à/pour)

9. Est-ce que vous y allez ____ ou en voiture?
   (maintenant/toujours/à pied)

10. Y allez-vous avant la leçon, ou ____ ? (après/loin/derrière)

11. Est-ce __ ou difficile? (ici/facile/quelque chose)

12. La pyramide se trouve __ de l'esplanade des Tuileries.
    (sous/sans/au milieu)

13. Le touriste a lu une ____ sur le Louvre.
    (brochure/journal/entrée)

14. Nous allons faire une petite ____ à pied.
    (voyage/chemin/promenade)

15. Nos amis sont ____ dans le living room. (assis/français/boire)

16. Mme Sorel est la ____ de M. Sorel. (femme/cousin/frère)

17. Elle est en train ____ servir le café. (à/de/du)

18. Nathalie prend son café ____ sucre. (pour/sans/devant)

19. Albert n'est pas le ____ de Nathalie. (agent/employé/mari)

20. Je ne bois ____ de thé. (jamais/toujours/rien)

21. Que ____ cette boîte? (a/contient/il y a)

22. Tu n'écoutes ____ ! (quelqu'un/personne/moi)

23. Mon oncle ____ soixante ans. (est/as/a)

24. Le frère de M. Sorel est ____ . (célibataire/soeur/fils)

25. Quel âge ____ -tu? (es/est/as)

26. Nathalie habite dans la ____ parisienne. (gare/hôtel/banlieue)

27. Le père de mon père est mon ____ . (fils/mari/grand-père)

28. On prend l'avion à l' ____ . (gare/aéroport/maison)

29. Je lis le ____ tous les jours. (brochure/leçon/journal)

30. Nathalie cherche mais elle ne ____ rien. (va/vient/trouve)

31. Notre-Dame est en plein ____ de Paris.
    (centre/boulevard/banlieue)

32. Vite! Je suis ____ ! (pressé/temps/marié)

33. Albert va à Lyon ____ il a des vacances.
    (dès qu'/avec/pourquoi)

34. En TGV, ça va ____ vite! (plus/rien/personne)

35. Mes ____ de toilette sont dans cette valise.
    (vêtements/pulls/articles)

36. Je ne me ____ pas où j'ai mis mon passeport.
    (trouve/perds/rappelle)

37. Le voyageur a fait la ____ pour changer de l'argent.
    (valise/queue/voiture)

38. Êtes-vous assis ____ de moi? (devant/derrière/à côté)

39. Il y a un ____ pour aller au premier étage.
    (escalier/train/taxi)

40. De quelle ____ est votre livre? (petit/grand/couleur)

41. Où ____ le Bureau des Objets Trouvés?
    (se trompe/se rappelle/se trouve)

42. Il faut aller au ____ d'Air France. (billet/comptoir/entrée)

43. Une voiture a quatre ____ . (porteurs/roue/roues)

44. ____ avez-vous trouvé cet objet? (qui/où/que)

45. Il a pris toutes les valises en ____ temps. (même/moins/aussi)

46. ____-moi, je suis désolé. (Trompez/Trouvez/Excusez)

47. Il n'y a pas de ____ . (mal/content/gentil)

48. Cette clé n'est pas la ____ ! (mien/mienne/miennes)

49. J'ai ____ sortir. (vouloir/veux/voulu)

50. Est-ce que vous ____ me vendre un billet, s'il vous plaît?
    (pouvoir/pourriez/voudrais)

51. Cette question 51 ____ l'exercice 1. (commence/finir/finit)

2 COMPLÉTEZ LES PHRASES AVEC LE PASSÉ COMPOSÉ DES VERBES

Exemples: Hier, est-ce que tu <u>as été</u> fatigué après la classe? (être)
Je <u>suis sorti</u> à midi. (sortir)

1. Hier, nous ____ beaucoup de travail. (avoir)

2. Albert ____ un mois à Lyon. (rester)

3. Hier, nous ____ la cuisine pour nos amis. (faire)

4. Est-ce que vous ____ un taxi pour visiter Paris? (prendre)

5. Où ____ -tu ____ ? (aller)

6. J' ____ mon nom sur l'enveloppe. (mettre)

7. Qu'est-ce que tu ____ ? (dire)

8. Le voyageur ____ à dix heures. (arriver)

9. On ____ une brochure sur le Louvre. (lire)

10. Est-ce que cette voyageuse ____ prendre l'avion? (pouvoir)

11. Hier, je ____ au bureau sans la voiture. (venir)

12. Hier matin, nous n' ____ pas ____ l'autobus. (voir)

13. ____ -tu ____ ton parapluie? (apporter)

14. Je ____ en vacances sans ma famille. (partir)

15. Les employés n' ____ pas ____ bonjour au patron. (dire)

16. Nous ____ une carte de France. (acheter)

17. Est-ce que l'agent ____ au touriste? (répondre)

18. Je n' ____ pas ____ visiter tout le musée. (pouvoir)

19. Vous n' ____ pas ____ le temps? (avoir)

20. Albert ____ -il ____ faire la cuisine? (vouloir)

21. Aujourd'hui il ne pleut pas. Mais hier, est-ce qu'il ____?
(pleuvoir)

22. Qu'est-ce que vous ____ hier soir? (faire)

23. Thomas n' ____ pas encore ____ de vacances. (revenir)

24. ____ -vous déjà ____ au musée d'Orsay? (aller)

25. À quelle heure cet employé ____ -il ____ au bureau? (arriver)

26. Paul m' ____ une carte postale. (envoyer)

27. ____ -tu ____ au rez-de-chaussée? (descendre)

28. Je ____ tout l'après-midi au musée au Louvre. (rester)

29. Ils ____ les billets à l'entrée. (vendre)

30. Nous ____ le verbe qu'il faut! (choisir)

3 CHOISISSEZ QUI OU QUE (OU QU')

Exemples: Vous pouvez prendre le journal qui est devant vous.
Je sais que vous avez vendu votre voiture.
Les étudiants qu'on connait sont belges.

1. Connaissez-vous le monsieur _____ est sorti?

2. L'avenue _____ est en face de nous est l'avenue des Champs-Élysées.

3. Les amis _____ elle attend vont arriver à quatre heures.

4. La brochure _____ nous lisons est très intéressante.

5. Avez-vous parlé au monsieur _____ est venu ce matin?

6. Comment s'appelle le garçon _____ a téléphoné?

7. Le musée _____ nous avons visité hier est le Louvre.

8. Tu vas reconnaître la pyramide _____ se trouve au milieu.

9. Ils disent _____ le jardin des Tuileries est très beau.

10. Le voyageur _____ a perdu sa valise s'appelle Dubois.

11. On sait bien _____ la pyramide est l'entrée du musée.

12. Voici la réceptionniste _____ m'a répondu au téléphone.

13. Où se trouve le jardin _____ elle a visité?

14. Les voyageurs ont pris le premier autobus _____ est arrivé!

15. Quel est le restaurant _____ tu préfères?

4 RÉPONDEZ À LA FORME NÉGATIVE

Exemples: Est-ce que tu bois quelque chose?
Non, je ne bois rien.

Est-ce que tu attends quelqu'un?
Non, je n'attends personne.

1. Est-ce que tu écris quelque chose en espagnol?

2. Est-ce que tu vois quelqu'un devant toi?

3. Écoutes-tu quelque chose à la radio?

4. Lis-tu quelque chose dans le journal?

5. Appelles-tu quelqu'un au téléphone?

5 RÉPONDEZ AVEC EN TRAIN DE + INFINITIF

Exemples: Le garçon sert-il le thé?
           <u>Oui, il est en train de servir le thé.</u>

           Est-ce que vous étudiez le français?
           <u>Oui, je suis en train d'étudier le français.</u>

1. Regardez-vous la télé?

2. Nathalie boit-elle du café?

3. Est-ce que vous écoutez de la musique?

4. M. Sorel lit-il son journal?

5. Finissez-vous cet exercice?

6 RÉPONDEZ PAR DES PHRASES COMPLÈTES

Answer with complete sentences.

1. L'avion va-t-il plus vite que le train?

2. En France, l'hiver est-il plus froid que l'automne?

3. Est-ce que Monaco est moins grand que Paris?

4. Les trains de banlieue vont-ils moins vite que le TGV?

5. Le jardin des Tuileries se trouve-t-il à Bordeaux?

6. De quelle couleur est le ciel quand il fait beau?

7. Est-ce que ce livre est le vôtre?

8. Avez-vous fini tous les exercices de cette leçon?

9. La leçon 16 est-elle avant la leçon 17, ou après la leçon 17?

10. Avez-vous lu tout le livre?

À QUELLE HEURE VOUS LEVEZ-VOUS?
AT WHAT TIME DO YOU GET UP?

Pierre, nous le savons, a de la famille à la campagne. Un de ses cousins, qui s'appelle Jean-Claude, vient de temps en temps à Paris. Il vient passer quelques jours de vacances chez Pierre. Les deux jeunes gens, qui ont le même âge, sortent souvent ensemble pour s'amuser dans la capitale.

Pierre, we know, has family in the country. One of his cousins, whose name is Jean-Claude, comes to Paris from time to time. He comes and spends a few days vacation at Pierre's. The two youngsters, who are the same age, often go out together to have fun in the capital.

Jean-Claude	**Je trouve que les gens se lèvent tard, à Paris!** I find people get up late in Paris!
Pierre	**Ceux qui sont en vacances – comme nous – oui. Chez toi, à la campagne, à quelle heure te lèves-tu?** Those who are on vacation – like us – yes. At your house, in the country, what time do you get up?

Jean-Claude	Oh, beaucoup plus tôt. Là-bas, je me lève à six heures du matin. Je me lave, je me rase, je me peigne et je m'habille avant le lever du soleil!
	Oh, much earlier. There, I get up at six in the morning. I wash, I shave, I comb my hair and I get dressed before sunrise!
Pierre	C'est probablement parce que tu te couches tôt.
	It's probably because you go to bed early.
Jean-Claude	Tu as raison. Je me couche jamais après dix heures du soir.
	You are right. I never go to bed after ten at night.
Pierre	Nous, les Parisiens, on se couche beaucoup plus tard que ça.
	We Parisians go to bed much later than that.
Jean-Claude	C'est normal. Il y a tant de choses à faire, ici. Là-bas, au contraire, il n'y a rien pour les jeunes. Moi, je lis et je regarde la télé. Chez nous, quelquefois, on joue aux cartes. Voilà, c'est tout! Alors bien sûr, je m'ennuie . . . et je me couche tôt.
	That's natural. There are so many things to do here. There, on the contrary, there is nothing for young people. I read and I watch TV. At home, sometimes we play cards. There, that's it! So naturally I get bored . . . and I go to bed early.
Pierre	C'est pour ça que je n'aime pas la campagne. C'est trop tranquille. Ça me semble monotone.
	That's why I don't like the country. It's too quiet. It seems monotonous to me.
Jean-Claude	Tu peux le dire! Mes parents se sont habitués à ce mode de vie. Ils disent qu'à la campagne, on se repose. Mais moi, je ne suis pas d'accord.
	You can say that again! My parents have gotten used to that way of life. They say that you can relax in the country. But I don't agree.
Pierre	Moi non plus! Je suis trop jeune pour me reposer. Tu sais, Jean-Claude, tu peux venir habiter chez nous quand tu veux. Mes parents t'aiment beaucoup. Notre maison est la tienne.
	Neither do I! I am too young to relax. You know, Jean-Claude, you can come and live with us whenever you like. My parents are very fond of you. Our home is your home.

Jean-Claude	**Merci, Pierre. Mais je préfère venir ici en vacances, pour m'amuser.**
	Thank you, Pierre. But I'd rather come here on vacation, to have fun.
Pierre	**Je te comprends! Alors, qu'est-ce qu'on va faire ce soir?**
	I understand. So what are we going to do tonight?
Jean-Claude	**Eh bien, je viens d'acheter l'Officiel des Spectacles. Voyons s'il y a quelque chose qui nous plaît.**
	Well, I just bought the Officiel des Spectacles. Let's see if there is something we like.

1. PRONONCIATION

vous levez-vous *(voo luh-veh voo)*
nous le savons *(noo luh sah-vohng)*
un de ses cousins *(uhng duh seh koo-zehng)*
Jean-Claude *(j-ahng klaude)*
de temps en temps *(duh tahnz-ahng tahng)*
vient passer *(vee-ehng pah-seh)*
quelques jours *(kell-kuh j-oor)*
jeunes gens *(j-uhnn j-ahng)*
le même âge *(luh memm ah-j)*
sortent *(sohr-tt)*
souvent *(soo-vahng)*
pour s'amuser *(pourr sah-mew-zeh)*
capitale *(kah-pee-tahl)*
je trouve que *(j-uh troovv kuh)*
les gens *(leh j-ahng)*
se lèvent *(suh laiv)*
tard *(tahr)*
ceux qui sont en vacances *(suh kee sohnt ahng vah-kahng-ss)*
comme nous *(kom noo)*
chez toi *(sheh twha)*
te lèves-tu *(tuh laiv-tew)*
beaucoup plus tôt *(boe-koo plew toe)*
je me lève *(j-uh muh laiv)*
je me rase *(j-uh muh rah-zz)*
je me peigne *(j-uh muh pai-nee-uh)*
avant *(ah-vahng)*
lever du soleil *(luh-veh dew soh-lay)*
probablement *(proh-bah-bluh-mahng)*
parce que *(pahrs-kuh)*

tu te couches *(tew tuh koosh)*

tu as raison *(tew ah reh-zohng)*

je ne me couche jamais *(j-uh nuh muh koosh j-ah-meh)*

après dix heures du soir *(ah-preh dee-z-urr dew swharr)*

Parisiens *(pah-ree-zee-ehng)*

on se couche *(ohng suh koosh)*

plus tard que ça *(plew tahr kuh sah)*

normal *(nohr-mahl)*

tant de choses à faire *(tahng duh showzz ah fairr)*

au contraire *(o-cohng-trairr)*

il n'y a rien *(eel nee ah ree-ehng)*

pour les jeunes *(pourr leh j-unn)*

chez nous *(sheh noo)*

quelquefois *(kell-kuh-fwha)*

on joue aux cartes *(ohng j-oo o kahrt)*

c'est tout *(seh too)*

je m'ennuie *(j-uh mahng-nwee)*

je me couche tôt *(j-uh muh koosh toe)*

c'est pour ça que je n'aime pas *(seh pour sah kuh j-uh naim pah)*

trop tranquille *(troe trahng-keel)*

ça me semble monotone *(sah muh sahng-bll mono-tohnn)*

tu peux le dire *(tew puh luh deerr)*

mes parents *(meh pah-rahng)*

se sont habitués *(suh sohng-t-ah-bee-tew-eh)*

à ce mode de vie *(ah suh mohdd duh vee)*

ils disent qu'à la campagne *(eel deez kah lah kahng-pah-nee-uh)*

on se repose *(ohng suh ruh-pose)*

mais moi *(meh mwha)*

je ne suis pas d'accord *(j-uh nuh swee pah dahk-orr)*

moi non plus *(mwha nohng plew)*

pour me reposer *(pour muh ruh-poseh)*

tu peux venir habiter *(tew puh vuh-neer ah-bee-teh)*

quand tu veux *(kahng tew vuh)*

t'aiment *(taim)*

notre maison *(nohtrr meh-zohng)*

je préfère venir *(j-uh preh-fairr vuh-neer)*

pour m'amuser *(pour mah-mew-zeh)*

je te comprends *(j-uh tuh kohng-prahng)*

qu'est ce qu'on va faire *(kess kohgn vah fairr)*

ce soir *(suh swahr)*

je viens d'acheter *(j-uh vee-ehng dah-shuh-teh)*

l'Officiel des Spectacles *(loe-fee-see-el deh spec-tah-kll)*

voyons s'il y a *(vwha-yohng seel-ee-ah)*

qui nous plaît *(kee noo pleh)*

2. LES VERBES PRONOMINAUX (suite)

Les verbes pronominaux (suite)
Reflexive verbs (continued from Lesson 15)

s'amuser
to have fun/to have a good time

Nous nous amusons toujours, à Paris!
We always have fun in Paris!

Hier soir, est-ce que vous vous êtes amusés?
Did you have fun last night?

Pierre ne s'est pas amusé hier à l'école.
Pierre didn't have a good time at school yesterday.

s'ennuyer
to get bored

Je ne m'ennuie jamais avec toi!
I never get bored with you!

Si vous vous ennuyez, regardez la télévision.
If you get bored, watch television.

Les enfants se sont ennuyés au concert.
The children got bored at the concert.

se lever
to get up/to stand up

À quelle heure vous levez-vous?
At what time do you get up?

Je ne me lève jamais avant six heures.
I never get up before six.

se coucher
to go to bed

Jean-Claude trouve que les Parisiens se couchent tard.
Jean-Claude finds that Parisians go to bed late.

À quelle heure t'es-tu couché, hier?
At what time did you go to bed yesterday?

se reposer
to rest

À la campagne, on se repose beaucoup.
In the country, one gets a lot of rest.

Dès que je suis fatigué, je me repose.
As soon as I am tired, I rest.

se laver
to wash (oneself)

se peigner
to comb one's hair

Je me lave et je me peigne à l'hôtel.
I wash, and I comb my hair at the hotel.

se raser
to shave

M. Sorel se rase avec un Remington.
Mr Sorel shaves with a Remington.

se maquiller
to use make up

Mme Sorel ne se maquille pas beaucoup.
Mrs Sorel doesn't use much makeup.

s'habiller
to get dressed/to dress up

T'habilles-tu pour aller à l'Opéra?
Do you dress up to go to the Opera?

s'habituer (à)
to get used to

Est-ce que vous vous êtes habitué à la cuisine française?
Did you get used to French cooking?

Mes parents se sont habitués à ce mode de vie.
My parents have gotten used to that way of life.

In the last example, **habitué** has an "s" because the past participle of any verb using **être** (here "**sont**") must agree with its subject (here "**mes parents**," plural).

3. LES PRONOMS DEMONSTRATIFS

Les pronoms demonstratifs (celui/celle/ceux/celles)
The demonstrative pronouns

Où est mon journal? Ce n'est pas celui qui est sur la table.
(journal, masculine singular, celui)
Where is my newspaper? It's not the one that's on the table.

Voici ma voiture, et voilà celle de M. Sorel.
(voiture, feminine singular, celle)
Here is my car, and there is the one of Mr Sorel/and there is Mr Sorel's.

Ces voyageurs sont ceux que vous connaissez.
(voyageurs, masculine plural, ceux)
Those travelers are the ones that you know.

Prenez vos valises et celles de l'autre voyageur.
(valises, feminine plural, celles)
Take your suitcases and the ones of /the other traveler's.

As exemplified above, the most typical uses of the demonstrative pronouns are with qui, que, or de.

Examples: le journal qui ...   – celui qui ...
le journal que ...   – celui que ...
le journal de ...   – celui de ...

la maison qui ...   – celle qui ...
la maison que ...   – celle que ...
la maison de ...   – celle de ...

les livres qui ...   – ceux qui ...

etc.

4. VENIR DE + INFINITIVE

Venir de + infinitif
To have just

This construction is considered to be the opposite of aller + infinitif ("near future") studied in Lesson 9.

Vous venez de lire la leçon 3. Demain vous allez lire la section 4.
You have just read lesson 3. Tomorrow you are going to read section 4.

Je viens de prendre un café. Je vais manger un croissant.
I just had a coffee. I am going to eat a croissant.

Nous venons d'acheter le journal. Nous allons choisir un film.
We have just bought a newspaper. We are going to choose a movie.

Pierre et Jean-Claude viennent de sortir. Après, ils vont aller au cinéma.
Pierre and Jean-Claude just left. Afterwards, they are going to go to the movies.

Examples with the infinitive of a reflexive verb:

On vient de se lever. On va s'habiller.
We just got up. We are going to get dressed.

Tu viens de te tromper. Tu vas te corriger.
You just made a mistake. You are going to correct yourself.

Je viens de me rappeler quelque chose. Je vais me lever.
I just remembered something. I am going to get up.

Nous venons de nous coucher.
We just went to bed.

Notice, in the last four examples, how the infinitive of a reflexive verb reflects the subject:

se coucher is adjusted to the subject **nous**, and becomes **nous coucher.**

se rappeler is adjusted to the subject **je**, and becomes **me rappeler.**

se lever is adjusted to the subject **je**, and becomes **me lever.**

se tromper is adjusted to the subject **tu**, and becomes **te tromper.**

se corriger is adjusted to the subject **tu**, and becomes **te corriger.**

se lever remains **se lever** because the subject is **on** (to review all the "second pronouns" used with reflexive verbs, see Lesson 15).

That is also why, towards the end of Dialog 17, the verb **s'amuser** becomes **m'amuser** when Jean-Claude says:

Je préfère venir ici en vacances, pour m'amuser.
I'd rather come here on vacation, to have fun.

5. AU CONTRAIRE!

Au contraire!
On the contrary!

s'amuser	s'ennuyer *(sahng-new-ee-yeh)*	to be bored
travailler	se reposer *(suh ruh-pozeh)*	to rest
se lever	se coucher *(suh koo-sheh)*	to go to bed
s'habiller	se déshabiller *(suh deh-zah-bee-yeh)*	to get undressed

Le matin, je me lève et je m'habille. Le soir, je me déshabille, et je me couche.
In the morning, I get up and I get dressed. At night, I undress and I go to bed.

même	**différent**
(mem)	*(dee-feh-rahng)*
same	different

Vous et moi, nous n'habitons pas à la même adresse. Nous avons des adresses différentes.
You and I, we don't live at the same address. We have different addresses.

Here are the four forms:

le même restaurant	**des restaurants différents**
la même adresse	**des adresses différentes**
les mêmes garçons	**des garçons différents**
les mêmes écoles	**des écoles différentes**

jeune	**vieux**
(j-uhnn)	*(vee-yuh)*
young	old

Here are the four forms:

jeune/jeune/jeunes/jeunes
vieux/vieille/vieux/vieilles

Pierre est jeune. L'oncle de M. Sorel est vieux et sa femme est vieille.
Pierre is young. Mr Sorel's uncle is old and his wife is old.

tard	**tôt**
(tar)	*(toe)*
late	early

À la campagne, je me lève tôt: je me lève à cinq heures du matin! À la ville, les gens se lèvent tard.
In the country, I get up very early: I get up at five a.m.! In the city, people get up late.

avoir raison	**avoir tort**
(reh-z-ohng)	*(tohr)*
to be right	to be wrong

In Lesson 14, we already saw a case where French uses the verb **avoir** (to have) while English uses the verb "to be" (**J'ai trente ans** = I am thirty years old).

Likewise, the expressions "to be right" and "to be wrong" also use the verb "to have," in French.

Pierre a raison! Mais toi, tu n'as pas raison: tu as tort!
Pierre is right! But you are not right: you are wrong!

un peu	**beaucoup**
(uhng puh)	*(bo-koo)*
a little	a lot/many/very much
trop	**pas assez**
(troe)	*(pah-z-ah-seh)*
too much/too many	not enough
ce soir	**ce matin**
(suh swahr)	*(suh mah-tehng)*
tonight	this morning
moi aussi!	**moi non plus!**
(m-wha o-see)	*(m-wha nohng plew)*
me too	me neither
je vais boire	**je viens de boire**
(j-uh veh b-whar)	*(j-uh vee-ehng duh b-whar)*
I am going to drink	I just drank

VOCABULAIRE

se lever: to get up
vous levez-vous?: are you getting up?

nous le savons: we know

passer: to spend (time)
il vient de passer: he has just spent
quelques: some/a few
quelques jours: a few days

sortir: to go out
ils sortent: they go out

s'amuser: to have fun
pour s'amuser: in order to have fun

se lever: to get up
te lèves-tu?: are you getting up?

tard: late
tôt: early
beaucoup plus tôt: very much earlier
beaucoup plus tard que ça: very much later than that

ceux: those
ceux qui sont en vacances: those who are on vacation

comme nous: like us/ourselves
chez nous: at our house
chez toi: at your house

se raser: to shave
je me rase: I shave

se peigner: to comb one's hair
je me peigne: I comb my hair

s'habiller: to get dressed
je m'habille: I get dressed

avant: before
après: after
quelquefois: sometimes

le lever du soleil: sunrise

se coucher: to go to bed
je me couche tôt: I go to bed early
tu te couches: you go to bed
je ne me couche jamais: I never go to bed
on se couche: one goes to bed

tu as raison: you are right
tu as tort: you are wrong

tant de choses à faire: so many things to do
une chose: a thing

les jeunes: young people
pour les jeunes: for the young people

jouer (regular "er" verb): to play
jouer aux cartes: to play cards
on joue aux cartes: one plays cards

s'ennuyer: to be bored
je m'ennuie: I'm bored

c'est pour ça que je n'aime pas: that's why I don't like

sembler (regular "er" verb): to seem
ça me semble: it seems to me
monotone: monotonous

mes parents: my parents

s'habituer: to get used to
ils se sont habitués à ce mode de vie: they have gotten used to that
   way of life
un mode de vie: a way of life

se reposer: to rest/relax
on se repose: one rests/relaxes

je ne suis pas d'accord: I don't agree
moi non plus: neither do I

être d'accord: to agree

pour me reposer: in order to rest/relax
pour m'amuser: to have fun

tu peux venir habiter: you can come and stay

quand tu veux: when you want

ils t'aiment beaucoup: they like you very much

je préfère venir: I prefer to come

comprendre (conjugated like **prendre**): to understand
je te comprends: I understand you

qu'est-ce qu'on va faire?: what are we going to do?

je viens d'acheter: I've just bought

voyons s'il y a: let's see if there is

AUTRE VOCABULAIRE

un de ses cousins: one of his cousins

de temps en temps: from time to time

les gens: the people
les jeunes gens: the young people
jeune: young

l'âge: age

souvent: often

la capitale: the capital

je trouve que: I find that

probablement: probably

parce que: because

dix heures du soir: ten o'clock in the evening

les Parisiens: the Parisians

au contraire: on the contrary

il n'y a rien: there is nothing

c'est tout: that's all

tranquille: quiet
trop: too
trop tranquille: too quiet

tu peux le dire: you can say that again

la vie: life

notre maison: our house

ce soir: this evening

quelque chose qui nous plaît: something that we like
ça nous plaît: we like that
plaire (irregular): to please
s'il vous plaît: please [if it pleases you]
s'il te plaît: please (you familiar)

EXERCICE

RÉPONDEZ D'APRÈS LE DIALOGUE

1. Comment s'appelle le cousin de Pierre?
2. Jean-Claude habite-t-il à Paris?
3. Est-il plus vieux que Pierre?
4. Les deux jeunes gens ont-ils le même âge?
5. Quand Jean-Claude est à la campagne, se lève-t-il tôt ou tard?
6. À quelle heure se lève-t-il?
7. Que fait-il avant le lever du soleil?
8. Est-ce que Jean-Claude se couche quelquefois après dix heures du soir?
9. Pierre est-il parisien?
10. Peut-on faire beaucoup de choses pour les jeunes?
11. À la campagne, y a-t-il beaucoup de choses pour les jeunes?
12. Pourquoi Jean-Claude se couche-t-il tôt?
13. Pierre aime-t-il la campagne?
14. Pourquoi ne l'aime-t-il pas?
15. Est-ce que les parents de Jean-Claude se sont habitués à la campagne?
16. Qu'est-ce qu'ils disent?
17. Jean-Claude peut-il venir habiter chez Pierre?
18. Les parents de Pierre aiment-ils Jean-Claude?
19. Jean-Claude est leur neveu, n'est-ce pas?
20. Pierre et Jean-Claude sont-ils vos cousins?
21. Vous n'êtes pas de la même famille?
22. Qu'est-ce que Jean-Claude vient d'acheter?
23. Que va-t-il regarder dans ce magazine?
24. Les jeunes gens aiment-ils sortir ensemble?
25. Est-ce qu'ils s'amusent bien?

QUELQUES ACHATS DANS UN GRAND MAGASIN

A FEW PURCHASES IN A DEPARTMENT STORE

un vendeur	**On s'occupe de vous, monsieur?** Are you being attended to?
un client	**Je voudrais essayer des chaussures.** I would like to try on some shoes.
le vendeur	**Bien, monsieur. Lesquelles?** Very well, sir. Which ones?
le client	**Celles qui sont à droite, là-bas, sur l'étagère.** Those on the right, over there, on the shelf.
le vendeur	**Bien. Quelle est votre pointure?** All right. What is your shoe size?
le client	**Quarante. Je les voudrais en marron, s'il vous plaît.** Eight. I would like them in brown, please.

le vendeur	**En marron, du quarante . . . Je ne sais pas s'il en reste. Veuillez attendre une minute. Je vais voir.** In brown, size 8 . . . I don't know whether there are any left. Would you please wait a moment? I'll go and see.

Quelques minutes plus tard, le vendeur revient, les mains vides.
A few minutes later, the salesman comes back empty-handed.

le vendeur	**Je suis désolé, monsieur. Il ne reste plus de quarante en marron.** I am sorry, sir. There isn't any size eight in brown left.
le client	**Oh, c'est dommage! Je cherche ce genre de chaussure depuis longtemps. Et maintenant que je les trouve, il n'en reste plus.** Oh, that's a pity! I've been looking for this style of shoes for a long time. And now that I find them, there aren't any left.
le vendeur	**Mais j'en aurai demain. Pourriez-vous repasser demain après-midi?** But I will have some by tomorrow. Could you drop by again tomorrow afternoon?
le client	**Demain, hum . . . À quelle heure fermez-vous?** Tomorrow . . . When do you close?
le vendeur	**Nous fermons à dix-huit heures trente, monsieur.** We close at 6:30 p.m.
le client	**Bon, c'est entendu. Je reviendrai demain. Je dois aussi acheter des cravates. Où est-ce que je peux en trouver?** OK, fine. I'll come back tomorrow. I must also buy some ties. Where can I find them?
le vendeur	**Il n'y en a pas à cet étage. Vous devez descendre au rez-de-chaussée. Vous y trouverez tous les vêtements pour homme: cravates, chemises, chaussettes, pantalons, vestons, etc.** There aren't any on this floor. You must go down to the first floor. There you will find all men's clothing: ties, shirts, socks, pants, jackets.
le client	**Est-ce qu'on vend aussi des souvenirs de Paris? Je dois en acheter pour des amis étrangers.** Do they also sell souvenirs of Paris there? I have to buy some for some foreign friends of mine.

le vendeur	**Oui, monsieur. Les souvenirs sont également au rez-de-chaussée, mais de l'autre côté du magasin.** Yes, sir. The souvenirs are also on the first floor, but on the other side of the store.
le client	**Je vois. Par où est-ce qu'on descend?** I see. How do I get down?
le vendeur	**Par là. Il y a un escalier mécanique juste derrière vous.** That way. There's an escalator just behind you.
le client	**Merci bien. Alors à demain. N'oubliez pas de commander mes chaussures – du quarante, en marron.** Thanks a lot. Well, see you tomorrow! Don't forget to order my shoes – size eight, in brown.
le vendeur	**Je n'oublierai pas, monsieur. À demain.** I won't forget. See you tomorrow.

1. PRONONCIATION

quelques *(kelkuh)*
quelques achats *(kelkuh-z-ah-shah)*
magasin *(mah-gah-zehng)*
dans un grand magasin *(dahng-z-uhng grahng mah-gah-zehng)*
vendeur *(vahng-duhr)*
on s'occupe de vous *(ohng so-kewp duh voo)*
essayer *(eh-seh-yeh)*
des chaussures *(deh sho-sewrr)*
lesquelles *(leh-hel)*
celles qui sont à droite *(sell kee sohng-t-ah drwhat)*
l'étagère *(leh-tah-j-airr)*
pointure *(pooehng-tewrr)*
quelle est votre pointure *(kel-eh voh-trr pooehng-tewrr)*
quarante *(kah-rahng-tt)*
du quarante *(dew kah-rahng-tt)*
je les voudrais *(j-uh leh voo-dreh)*
en marron *(ehng mah-rohng)*
s'il en reste *(seel-ehng restt)*
veuillez *(vuh-yeh)*
veuillez attendre *(vuh-yeh-z-ah-tahng-drr)*
quelques minutes *(kelkuh mee-newtt)*
les mains *(leh mahng)*
vides *(vee-dd)*
il ne reste plus *(eel nuh restt plew)*

dommage *(do-mah-jj)*
c'est dommage *(seh do-mah-jj)*
genre *(j-ahng-rr)*
ce genre de chaussures *(suh j-ahrng-rr duh sho-sewrr)*
depuis *(du-pewee)*
depuis longtemps *(deh-pewee lohng-tahng)*
et maintenant que *(eh mehng-tuh-nahng kuh)*
je les trouve *(j-uh leh troo-vv)*
il n'en reste plus *(eel nehng restt plew)*
j'en aurai *(j-ehng oreh)*
repasser *(ruh pah-seh)*
demain après-midi *(duh-mehng ah-preh mee-dee)*
fermez-vous *(fairr-meh voo)*
nous fermons *(noo fairr-mohng)*
dix-huit heures trente *(dee-z-weet-uhr trehng-tt)*
entendu *(ehng-tehng-dew)*
c'est entendu *(set-ehng-tehng-dew)*
reviendrai *(ruh-vee-ehng-dreh)*
je dois aussi acheter *(j-uh dwha o-see ah-sh-teh)*
des cravates *(deh crah-vah-tt)*
où est-ce que je peux en trouver *(oo ess-kuh j-uh puh ehng troo-veh)*
il n'y en a pas *(eel nee ehng-nah pah)*
à cet étage *(ah set eh-tah-jj)*
vous devez descendre *(voo duh-veh deh-sehng-drr)*
au rez-de-chaussée *(o-reh duh sho-seh)*
vous y trouverez *(voo-z-ee troo-vuh-reh)*
tous les vêtements *(too leh vet-mahng)*
pour homme *(pourr-omm)*
chemises *(shuh-meez)*
chaussettes *(sho-set)*
pantalons *(pahng-tah-lohng)*
vestons *(vess-tohng)*
etc. *(ett-seh-teh-rah)*
on y vend *(ohng-nee-vehng)*
souvenirs *(soo-vuh-neer)*
je dois en acheter *(juh dwha ehng-nah-sh-teh)*
étranger *(eh-trahng-jeh)*
également *(eh-gahl-mahng)*
les souvenirs sont également *(leh soo-vuh-neer sohng-t-eh-gahl-mahng)*
de l'autre côté *(duh lo-trr co-teh)*
du magasin *(dew mah-gah-zehng)*
par où *(pahr-oo)*
est-ce qu'on descend *(ess kohng deh-sahng)*

par là *(pahr lah)*
un escalier *(uhng-n-ess-kah-lee-yeh)*
mécanique *(meh-kah-neek)*
juste derrière vous *(j-ewss-tt dair-ree-airr voo)*
merci bien *(mair-see bee-ehng)*
alors à demain *(ah-lohr ah duh-mehng)*
n'oubliez pas *(noo-blee-eh pah)*
de commander *(duh koh-mahng-deh)*
mes chaussures *(meh sho-sewrr)*
je n'oublierai pas *(j-uh noo-blee-reh pah)*
à demain *(ah duh-mehng)*

2. LE FUTUR

le futur
the future

We have seen that the future can be expressed by simply using the present tense, or by using **aller + infinitif** (see Lesson 11).

But there is also a specific future tense in French. The way to form this is by taking the <u>infinitive</u> of the verb and adding the endings -**ai**, -**as**, -**a**, -**ons**, -**ez**, -**ont**.

---

trouver (regular "-er")
to find

je **trouver-<u>ai</u>**	*(troo-vreh)*
tu **trouver-<u>as</u>**	*(troo-vrah)*
il/elle/on **trouver-<u>a</u>**	*(troo-vrah)*
nous **trouver-<u>ons</u>**	*(troo-vrohng)*
vous **trouver-<u>ez</u>**	*(too-vreh)*
ils/elles **trouver-<u>ont</u>**	*(troo-vrohng)*

---

finir (regular "-ir")
to finish

je **finir-<u>ai</u>**	*(fee-nee-reh)*
tu **finir-<u>as</u>**	*(fee-nee-rah)*
il/elle/on **finir-<u>a</u>**	*(fee-nee-rah)*
nous **finir-<u>ons</u>**	*(fee-nee-rohng)*
vous **finir-<u>ez</u>**	*(fee-nee-reh)*
ils/elles **finir-<u>ont</u>**	*(fee-nee-rohng)*

```
attendre (regular "-re"*)
to wait

          j' attendr-ai     (j'ah-tahng-dreh)
         tu attendr-as      (ah-tahng-drah)
   il/elle/on attendr-a      (ah-tahng-drah)
      nous attendr-ons      (ah-tahng-drohng)
      vous attendr-ez       (ah-tahng-dreh)
    ils/elles attendr-ont    (ah-tahng-drohng)
```

Notice that the "r" of the infinitive is always sounded in the future tense.

Aujourd'hui je parle à Nathalie. Hier j'ai parlé à Catherine. Demain je parlerai à Paul.
Today I am speaking to Natalie. Yesterday I spoke to Catherine. Tomorrow I will speak to Paul.

Je ne finirai pas ce livre demain.
I will not finish this book tomorrow.

Mettras-tu une cravate?
Will you put on a tie?

Le client trouvera des chemises au rez-de-chaussée.
The customer will find shirts on the ground floor.

Nous partirons la semaine prochaine.
We shall leave next week.

Quelle leçon commencerez-vous demain?
Which lesson will you begin tomorrow?

Vous n'oublierez pas?
You won't forget?

Nos amis arriveront le mois prochain.
Our friends will arrive next month.

Je reviendrai au magasin demain après-midi.
I will come back to the store tomorrow afternoon.

Note that the last example shows an irregular future – **reviendrai** (from **revenir**). We will examine irregular futures in a later lesson.

* Note that the last "e" is always dropped.

3. LES PRONOMS INTERROGATIFS

Les pronoms interrogatifs
Interrogative pronouns

lequel	**laquelle**	**lesquels**	**lesquelles**
(luh-kell)	*(lah-kell)*	*(leh-kell)*	*(leh-kell)*
which one		which ones	

Voice deux pulls. Lequel choisissez-vous? (masculine, **lequel**)
Here are two sweaters. Which of them do you choose?

Je vois trois voitures. Laquelle est la vôtre? (feminine, **laquelle**)
I see three cars. Which is yours?

Il y a beaucoup de grands magasins à Paris. Lesquels préfères-tu?
(masculine plural, **lesquels**)
There are many department stores in Paris. Which ones do you like
best?

Je voudrais essayer des chaussures. Bien, monsieur. Lesquelles?
(feminine plural, **lesquelles**)
I would like to try on some shoes. Certainly. Which ones?

4. DEPUIS

Depuis
For

To express an action started in the past but continuing in the present,
use the present tense + **depuis** + the time specified.

Albert habite à Paris depuis deux ans.
Albert has been living in Paris for two years.

Nous attendons l'autobus depuis dix minutes.
We have been waiting for the bus for 10 minutes.

On voyage en train depuis une semaine.
We have been traveling by train for a week.

Vous marchez depuis une heure.
You've been walking for an hour.

Je cherche ce genre de chaussures depuis longtemps.
I've been looking for this kind of shoes for a long time.

Likewise, use the present tense with **depuis combien de temps**
(*duh-pewee kohng-bee-ehng duh tahng*) when asking questions of
this kind:

**<u>Depuis combien de temps</u> travaille-tu ici? Je travaille ici depuis un
mois.**
How long have you been living here? I've been living here for a
month.

**<u>Depuis combien de temps</u> ces voyageurs <u>sont</u>-ils à Paris? Ils y sont
depuis trois mois.**
How long have these travelers been in Paris? They've been here 3
months.

5. LE PRONOM "EN"

en
some/any

We have already seen (Lesson 7) that French often uses partitive
articles:

<u>du</u> thé	tea/some tea
<u>de la</u> confiture	jam/some jam
<u>des</u> enfants	children/some children

To avoid unnecessary repetition, a special pronoun (**en**) is often used
in place of a noun and its partitive article. For example:

Nous achetons <u>des chemises.</u>   **Nous <u>en</u> achetons.**
We are buying some shirts.   We're buying some.

In a typical sentence, **en** is placed just before the verb (just as y is –
for more information on y, see Lesson 7 again).

Le vendeur a <u>du travail.</u>   **Il en a.**
The salesman has some work.   He has some.

Moi, j'en ai aussi!
I also have some!

Nathalie prend de la confiture. Et vous? Est-ce que vous <u>en</u> prenez?
Natalie takes some jam. And you? Do you take any?

Je n'ai pas <u>de chaussures noires</u>, mais j'en aurai demain.
I don't have any black shoes, but I will have some tomorrow.

<u>Des chaussures blanches</u>? Je ne sais pas s'il <u>en</u> reste.
White shoes? I don't know whether there are any left.

On vend <u>des souvenirs</u>. Je veux <u>en</u> acheter.
They sell souvenirs. I want to buy some.

You will see from the last example that when there is a modifying verb (here **veux**), **en** is placed before the verb of action (here **acheter**).

Il y a du café. Tu n'<u>en</u> bois pas?
There's some coffee. Aren't you drinking any?

Note how **ne** becomes **n'** before **en**.

6. VERBES

devoir
must

We have seen (Lesson 9) that **il faut** is an impersonal expression, and that it is often followed by an infinitive. Necessity can also be expressed by another verb – **devoir**. This can be used in any person and is followed by an infinitive. **Devoir** is therefore similar to several modifying verbs covered earlier: **savoir, pouvoir, vouloir.**

devoir to have to	
je dois	nous devons
tu dois	vous devez
il/elle/on doit	ils doivent

Il faut envoyer ces lettres.
It is necessary to mail these letters.

Nous <u>devons</u> envoyer ces lettres.
We must mail these letters.

Faut-il remplir une fiche?
Is it necessary to fill out a form?

Est-ce que vous <u>devez</u> remplir une fiche?
Do you have to fill in a form?

Le client <u>doit</u> revenir demain.
The customer must come back tomorrow.

La cliente <u>doit</u> essayer une jupe.
The customer must try on a skirt.

Tous les clients <u>doivent</u> payer.
All the customers have to pay.

On vend des souvenirs. Je <u>dois</u> en acheter.
They sell souvenirs. I have to buy some.

Notice the place of **devoir** in relation to the action verb, when the sentence is interrogative or negative:

<u>Dois-tu rentrer</u> chez toi?
Must you go home?

Vous ne devez pas partir sans passeport.
You musn't leave without your passport.

The past participle of **devoir** is **dû**:

Hier j'ai dû sortir.
Yesterday I had to leave.

Nous n'avons pas dû payer.
We didn't have to pay.

VOCABULAIRE

quelques: some, a few
un achat: a purchase
quelques achats: a few purchases
quelques minutes: a few minutes
un magasin: a store
un grand magasin: a department store
un étage: a floor, story
à cet étage: on this floor
le côté: the side
de l'autre côté du magasin: on the other side of the store
par où: which way
par là: that way

un escalier mécanique: an escalator
une étagère: a shelf

un vendeur: a customer
s'occuper (regular "-er" verb): to attend to
s'occuper de quelqu'un: to attend to someone
on s'occupe de vous?: are you being attended to?

essayer: to try
des chaussures: some shoes
lesquelles: which (feminine plural)
mes chaussures: my shoes
celles qui sont à droite: those on the right
une paire de chaussures: a pair of shoes
la pointure: the size

quelle est votre pointure?: what size are you?
quarante: forty (size 8 American)
je les voudrais: I would like them
en marron: in brown
un genre: style, kind
ce genre de chaussures: this style of shoes
veuillez (irregular imperative of **vouloir**): would you mind
veuillez attendre: would you mind waiting, please

une main: a hand
les mains: the hands
vide: empty

depuis: since
depuis longtemps: for a long time

rester: to be left; to remain, to stay
il ne reste plus de chaussures: there are no more shoes left
j'aurai: I will have
demain après-midi: tomorrow afternoon

j'en aurai: I will have some

repasser: to drop by again

fermer: to close
dix-huit heures trente: half-past six

revenir: to come back
Je reviendrai: I will come back

devoir: to ought to, to have to
je dois aussi acheter: I must also buy

vous devez descendre: you must go down
au rez-de-chaussée: on the first floor
vous y trouverez: there you will find
on y vend: there they sell

un vêtement: a garment, an item of clothing
tous les vêtements: all the clothes

pour homme: for men
pour femme/pour dame: for women

une cravate: tie
une chemise: shirt
des chaussettes: socks
une paire de chaussettes: a pair of socks
un pantalon: a pair of pants
un veston: a jacket

étranger (feminine **étrangère**): foreign
un souvenir: a souvenir

oublier: to forget
n'oubliez pas de commander: don't forget to order
commander: to order
je n'oublierai pas: I won't forget

AUTRE VOCABULAIRE

en: some/any
s'il en reste: if there is any left
il n'en reste plus: there's none left
je peux en trouver: I can buy some
il n'y en a pas: there is none there
je dois en acheter: I must buy some

c'est dommage: what a pity!

entendu: agreed
c'est entendu: it's agreed

également: also, as well
merci bien: thanks a lot

à demain: see you tomorrow

juste derrière vous: just behind you

EXERCICE

RÉPONDEZ D'APRÈS LE DIALOGUE

1. Est-ce que le vendeur s'occupe du client?

2. Ce client veut-il essayer un veston?

3. Qu'est-ce qu'il veut essayer?

4. Les chaussures que veut le client sont-elles sur une étagère?

5. Se trouvent-elles à droite ou à gauche?

6. La pointure huit aux États-Unis, c'est la pointure quarante en France, n'est-ce pas?

7. Est-ce qu'il reste des chaussures de quarante en marron?

8. Le vendeur a-t-il trouvé les chaussures?

9. Il dit qu'il va les commander?

10. Il les aura plus tard, n'est-ce pas?

11. Quand les aura-t-il?

12. Alors le client a-t-il pu essayer les chaussures?

13. Doit-il revenir demain matin ou demain après-midi?

14. À quelle heure ferme ce magasin?

15. Alors il ferme à six heures et demie de l'après-midi?

16. Le client doit-il faire d'autres achats dans ce grand magasin?

17. Doit-il acheter des cravates ou un pull?

18. Pour cela, est-ce qu'il doit descendre au rez-de-chaussée?

19. On y trouve également des chemises, des pantalons et des chaussettes, non?

20. Est-ce qu'on vend des souvenirs de l'autre côté du magasin?

21. Est-ce qu'on en vend aussi dans les aéroports?

22. Ce monsieur doit-il acheter des souvenirs pour vous?

23. Pour qui doit-il en acheter?

24. Alors il n'a pas oublié ses amis, n'est-ce pas?

25. Pour descendre au rez-de-chaussée du magasin, le client va-t-il prendre l'ascenseur ou l'escalier mécanique?

UN DÎNER AVANT DE SE QUITTER
A DINNER BEFORE PARTING

Ce soir Paul, Albert, Nathalie, M. Sorel et Mme Sorel sont en train de dîner ensemble. On dirait qu'ils ont faim: sur la table, il y a des hors d'oeuvres, du poisson, de la viande, des légumes, de la salade ... Et avant de manger, ils ont ouvert une bouteille de champagne, parce qu' aujourd'hui c'est l'anniversaire d'Albert.

Tonight Paul, Albert, Natalie, Mr Sorel, and Mrs Sorel are having dinner together. It looks like they are hungry: on the table are appetizers, fish, meat, vegetables, salad ... and before eating, they opened a bottle of champagne, because today is Albert's birthday.

Mme Sorel	**Joyeux Anniversaire, Albert!**
	Happy birthday, Albert!
M. Sorel	**Et félicitations aussi à Paul!**
	And congratulations to Paul as well!
Paul	**À moi? Pourquoi ça? Qu'est-ce que j'ai fait?**
	To me? Why's that? What have I done?

M. Sorel	**Vous avez fait beaucoup de progrès en français, Paul! Vous avez été un très bon élève! Et vous êtes devenu un très bon ami.**
	You have made a lot of progress in French, Paul. You have been a very good student. And you have become a very good friend.

Paul	**Merci. Mais parlons des vacances. Alors tout le monde part cet été?**
	Thank you. But let's talk about the vacation. So, is everyone going away this summer?

Mme Sorel	**Presque tout le monde. Mon mari et moi, nous allons au Canada . . . mais le chien et le chat resteront ici! Chez des amis.**
	Almost everyone. My husband and I are going to Canada . . . but the dog and the cat will stay here! With some friends.

Nathalie	**Moi, je retourne à Bordeaux pour quelques jours. Et après, si j'ai le temps, je passerai quelques jours dans les Pyrénées.**
	I am going back to Bordeaux for a few days. And then, if I have the time, I will spend a few days in the Pyrenees.

Albert	**Moi, j'irai voir ma famille à Lyon. Et après, je descendrai sur la Côte d'Azur avec des amis. Nous ferons du sport et nous irons danser. L'année dernière, on allait danser presque tous les soirs! Au fait, Nathalie, tu ne seras pas très loin. Viendras-tu nous voir sur la Côte d'Azur?**
	I will go see my family in Lyons. And then, I'll go down to the French Riviera with some friends. We will practice sports and go dancing. Last year, we used to go dancing almost every evening. By the way, Natalie, you won't be very far away. Will you come see us on the Riviera?

Nathalie	**J'aimerais bien, mais c'est impossible. Ce serait trop compliqué. D'abord, je n'ai pas de voiture. Et puis, j'aurai très peu de temps.**
	I would like to, but it's impossible. It would be too complicated. First, I don't have a car. And also, I will have very little time.

M. Sorel	**Si vous aviez une voiture, vous pourriez y aller? Si vous voulez, je vous prête la mienne. Je sais que vous êtes prudente.** If you had a car, could you go? If you want, I'll lend you mine. I know you're careful.
Nathalie	**Je vous remercie. C'est très gentil de votre part. Mais je ne peux pas accepter. J'ai seulement quelques jours de vacances. Je dois être de retour à Paris le 12 juillet, pour m'occuper de mon nouvel appartement.** Thank you. It's very kind of you. But I can't accept. I only have a few days off. I have to be back in Paris on July 12th, to sort out my new apartment.
Mme Sorel	**Vous avez trouvé un appartement?** You found an apartment?
Nathalie	**Oui. Après avoir cherché pendant des mois, j'ai enfin trouvé un appartement. Deux pièces, cuisine, salle de bains. Petit mais très mignon. Avec des fenêtres partout! Et pas loin de la banque où je travaille.** Yes. After having looked for months, I finally found one. Two rooms, plus kitchen and bathroom. Small but very cute. With windows everywhere! And not far from the bank where I work.
Albert	**Félicitations, Nathalie! Quand est-ce que tu nous invites?** Congratulations, Natalie! When are you going to invite us?
Paul	**C'est vrai, Nathalie. Il faut que vous nous fassiez visiter votre nouvel appartement.** That's true, Natalie. You've got to let us visit your new apartment.
Nathalie	**Mais avec plaisir! Je vous inviterai . . . quand je serai installée. En attendant, nous sommes ici pour féliciter Albert! Ah, voilà le gâteau d'anniversaire! Attention, Albert! Tu dois éteindre toutes les bougies!** With pleasure! I will invite you . . . when I am settled in. In the meantime, we're here to congratulate Albert! Here comes the birthday cake! Careful, Albert! You must blow out all the candles!
Albert	**Je vais essayer. Un, deux, trois . . . Ouf!** I'm going to try. One, two, three . . . Phew!

les autres	Bravo! Joyeux anniversaire!
(ensemble)	Hurray! Happy birthday!

1. PRONONCIATION

un dîner *(uhng dee-neh)*
avant de se quitter *(ah-vahng duh suh kee-teh)*
ce soir *(suh swhar)*
sont en train de dîner *(sohng-tahng-trehng duh dee-neh)*
ensemble *(ahng-sahng-bl)*
on dirait *(ohng dee-reh)*
qu'ils ont faim *(keel-z-ohng-fehng)*
sur la table *(sewrr lah tah-bl)*
des hors d'oeuvres *(deh or-duh-vrr)*
poisson *(pwha-sohng)*
viande *(vee-ehng-d)*
légumes *(leh-gewm)*
avant de manger *(ah-vahng duh mahng-j-eh)*
ils ont ouvert *(eel-z-ohng-too-vairr)*
bouteille *(boo-tey)*
champagne *(shahng-pah-neeuh)*
parce qu'aujourd'hui *(pahr-s kuh)*
l'anniversaire *(lah-nee-vairr-sairr)*
d'Albert *(dahl-bair)*
joyeux anniversaire *(j-wha-ee-uh-z-ah-nee-vairr-sairr)*
félicitations *(feh-lee-see-tah-see-ohng)*
à moi *(ah m-wha)*
pourquoi ça? *(poorr-kwha sah)*
qu'est-ce que j'ai fait *(kess kuh jeh feh)*
vous avez fait *(voo-z-ah-veh feh)*
beaucoup de progrès *(bo-koo duh pro-greh)*
vous avez été *(voo-z-ah-veh-z-eh-teh)*
un très bon élève *(uhng treh bohng-n-eh-laiv)*
vous êtes devenu *(voo-z-ett duh-vuhnew)*
bon ami *(bohng-nah-mee)*
plutôt *(plew-toe)*
tout le monde *(too luh mohng-dd)*
cet été *(set-eh-teh)*
presque *(press-k)*
mon mari et moi *(mohng mah-ree eh m-wha)*
chien *(she-ehng)*
chat *(shah)*
resteront ici *(ress-tuh-rohng-z-ee-see)*

chez des amis *(sheh deh-z-ah-mee)*
je retourne *(j-uh ruh-tourr-n)*
et après *(eh ah-preh)*
si j'ai le temps *(see j-eh luh tahng)*
je passerai *(j-uh pah-suh-reh)*
Pyrénées *(peer-eh-neh)*
j'irai voir *(j-ee-reh v-whar)*
je descendrai *(j-uh deh-sahng-dreh)*
Côte d'Azur *(coe-tt dah-z-ewr)*
nous ferons *(noo fuh-rohng)*
du sport *(dew spohr)*
nous irons danser *(noo-z-ee-rohng dahng-seh)*
l'année dernière *(lah-neh dair-nee-airr)*
on allait *(ohng-nah-leh)*
tous les soirs *(too leh s-whar)*
au fait *(o-fett)*
tu ne seras pas *(tew nuh suh-rah pah)*
viendras-tu *(vee-ehng-drah tew)*
j'aimerais bien *(j-emm-reh bee-ehng)*
c'est impossible *(sett ehng-po-see-bl)*
ce serait *(suh suh-reh)*
compliqué *(kohng-plee-keh)*
d'abord *(dah-bohr)*
j'aurai *(j-oreh)*
si vous aviez *(see voo-z-ah-vee-eh)*
vous pourriez y aller *(voo pourr-ee-eh ee ah-leh)*
si vous voulez *(see voo voo-leh)*
je vous prête *(j-uh voo prai-tt)*
la mienne *(lah mee-enn)*
prudente *(prew-dehng-tt)*
je vous remercie *(j-uh voo ruh-mair-see)*
de votre part *(duh votrr pahr)*
accepter *(ah-k-sepp-teh)*
je dois être *(j-uh d-wha ai-trr/j-uh d-wha-z-ai-trr)*
de retour *(duh ruh-tour)*
le 12 juillet *(luh doo-z jewee-yeh)*
pour m'occuper *(pourr mo-kew-peh)*
nouvel appartement *(noo-vel-ah-pahr-tuh-mahng)*
après avoir cherché *(ah-preh-z-ah-v-whar shair-sheh)*
pendant des mois *(pahng-dahng deh m-wha)*
j'ai enfin trouvé *(j-eh ahng-fehng troo-veh)*
deux pièces *(duh pee-ess)*
salle de bains *(sahl duh behng)*
mignon *(mee-nee-ohng)*

des fenêtres *(deh fuh-nai-trr)*
partout *(pahr-too)*
tu nous invites *(tew noo-z-ehng-vee-tt)*
il faut que *(eel foe kuh)*
vous nous fassiez visiter *(voo noo fah-see-eh vee-zee-teh)*
plaisir *(pleh-zeer)*
je vous inviterai *(j-uh voo-z-ehng-vee-tuh-reh)*
je serai installée *(j-uh suh-reh ehng-s-tah-leh)*
en attendant *(ahng-nah-tahng-dahng)*
pour féliciter *(pourr feh-lee-see-teh)*
gâteau d'anniversaire *(gah-toe dah-nee-vair-sair)*
attention *(ah-tehng-see-ohng)*
tu dois éteindre *(tew d-wha eh-tehng-drr)*
toutes les bougies *(toot leh boo-j-ee)*
les autres *(leh-z-autrr)*

2. AVOIR FAIM/AVOIR SOIF, ETC.

avoir faim	avoir soif
(ah-voo-ahr fehng)	*(ah-voo-ahr swhaff)*
to be hungry	to be thirsty

We have already seen (Lesson 14) that French sometimes uses the verb **avoir** (to have) where English uses "to be" (**être**).

Examples: **J'ai vingt-cinq ans. Quel âge avez-vous?**
I am twenty-five. How old are you?

Tu as raison! Pierre a tort.
You are right! Peter is wrong.

Here are other cases: **Ils ont faim, et ils veulent manger.**
They are hungry, and they want to eat.

Nous avons soif, et nous voulons boire.
We are thirsty, and we want to drink.

avoir chaud	avoir froid
to be warm/hot	to be cold

J'ai chaud. En été, il fait chaud.
I am warm. In the summer, it's hot.

Avez-vous eu froid? (with **avoir** in the passé composé)
Were you cold?

<u>Nous allons avoir</u> froid. (with <u>avoir</u> in the near future)
We are going to be cold.

3. AVANT DE + INFINITIF, APRÈS AVOIR/ÊTRE + PARTICIPE PASSÉ

> **avant de + infinitif**
> before doing something

<u>Avant de manger,</u> ils ouvrent une bouteille de champagne.
Before eating, they open a bottle of champagne.

<u>Avant de partir,</u> nous avons dit au revoir à nos amis.
Before leaving, we said goodbye to our friends.

Je vais acheter mon billet <u>avant de prendre</u> le train.
I will buy my ticket before taking the train.

The opposite of <u>avant de + infinitif</u> is

> **après avoir + participe passé**
> after having done something/
> after doing something

<u>Après avoir cherché</u> un appartement, j'ai trouvé celui-ci.
After having looked for an apartment, I found this one.

<u>Après avoir servi</u> le champagne, ils ont bu.
After serving the champagne, they drank.

If the verb takes <u>être</u> instead of <u>avoir</u> (see list in Lesson 13), this becomes:

> **après être + participe passé**

<u>Après être sortie,</u> elle a pris un taxi. (<u>sortir</u> takes <u>être</u>)
(ah-preh ai-trr sohr-tee, . . .)
After having left, she took a cab.

Nous avons fait la cuisine <u>après être allés</u> au supermarché. (<u>aller</u> takes <u>être</u>)
We cooked after going to the supermarket.

4. LE FUTUR (suite)

Le futur (suite)
The future (continued)

Albert <u>descendra</u> sur la Côte d'Azur.
Albert will go down to the French Riviera.

Je <u>passerai</u> quelques jours dans les Pyrénées.
I shall spend a few days in the Pyrenees.

Est-ce que tu nous <u>inviteras</u>? Oui, je vous <u>inviterai</u>.
Will you invite us?   Yes, I will invite you.

Le chien et le chat <u>resteront</u> ici.
The dog and the cat will stay here.

Nathalie <u>reviendra</u> à Paris le 12 juillet.
Natalie will come back to Paris on July 12th.

The second example above shows an irregular future (<u>reviendra</u>, for the infinitive <u>revenir</u>.) Here are other irregular futures:

aller			
j' irai	*(j-ee-reh)*	nous irons	*(noo-z-ee-rohng)*
tu iras	*(tew ee-rah)*	vous irez	*(voo-z-ee-reh)*
il ira	*(eel ee-rah)*	ils iront	*(eel-z-ee-rohng)*

J'<u>irai</u> voir ma famille à Lyon.
I will go see my family in Lyons.

Nous <u>irons</u> danser tous les soirs.
We will go dancing every evening.

faire			
je ferai	*(fuh-reh)*	nous ferons	*(fuh-rohng)*
tu feras	*(fuh-rah)*	vous ferez	*(fuh-feh)*
il fera	*(fuh-rah)*	ils feront	*(fuh-rohng)*

Nous <u>ferons</u> du sport.
We will do/We will practice sports.

avoir			
j' aurai	*(j-oreh)*	nous aurons	*(noo-z-orohng)*
tu auras	*(tew o-rah)*	vous aurez	*(voo-oreh)*
il aura	*(eel o-rah)*	ils auront	*(eel-z-orohng)*

J'aurai peu de temps pour voyager.
I will have little time to travel.

Nathalie aura enfin son appartement!
Natalie will finally have her apartment!

être			
je serai	*(suh-reh)*	nous serons	*(suh-rohng)*
tu seras	*(suh-rah)*	vous serez	*(suh-reh)*
il sera	*(suh-rah)*	ils seront	*(suh-rohng)*

Est-ce que tu seras à Paris le 14 juillet?
Will you be in Paris on the 14th of July?

Nous serons installés à l'hôtel.
We will be settled at the hotel.

5. QUAND/DÈS QUE AU FUTUR

quand/dès que au futur
when/as soon as in the future

To use **quand** or **dès que** with an idea of future, <u>two</u> futures are
needed in French (in the following example, <u>invitera</u> and <u>sera</u>):

Nathalie invitera ses amis quand elle sera installée.
Natalie will invite her friends when she is settled.

This is different from English, where the other verb often stays in the
present.

Examples: **Je visiterai la tour Eiffel dès que j'arriverai à Paris.**
I shall visit the Eiffel Tower as soon as I arrive in Paris.

Quand nous aurons notre billet, nous partirons.
When we have our ticket, we shall leave.

6. L'IMPARFAIT

Un autre temps du passé: l'imparfait
Another past tense: the imperfect

The past tense that we have used so far is the **passé composé**. But there is another past tense in French. It is called the **imparfait** (imperfect.)

To form the imperfect of a verb, do the following:

– take the "**nous**" person of the verb in the present tense (Example for the verb **boire**: **nous buvons**)

– delete its "**ons**" ending and keep the stem (for **boire**, keep **buv**)

– replace it with the endings -**ais** *(eh)*

-**ais** *(eh)*
-**ait** *(eh)*
-**ions** *(ee-ohng)*
-**iez** *(ee-eh)*
-**aient** *(eh)*

Examples: **Avant, je buvais du café. Maintenant, je bois du thé.**
Before, I used to drink coffee. Now, I drink tea.

Aujourd'hui, nous allons à la plage. L'été dernier, nous allions danser.
Today, we go to the beach. Last summer, we used to go dancing.

One exception

être			
j' étais	*(eh-teh)*	**nous étions**	*(eh-tee-iohng)*
tu étais	*(eh-teh)*	**vous étiez**	*(eh-tee-eh)*
il était	*(eh-teh)*	**ils étaient**	*(eh-teh)*

Avec mes amis, j'étais toujours heureux!
With my friends, I used to be/I was always happy!

Imparfait ou passé composé?

The **passé composé** is used for specific or sudden actions in the past.

Example: **Hier, nous sommes arrivés à huit heures.**
(**à huit heures**, specifically)
Yesterday, we arrived at eight o'clock.

The **imparfait** is used for actions <u>repeated</u> in the past (often expressed by "used to . . ." in English) or continuous actions <u>progressing</u> in the past (often expressed by "was/were . . . ing" in English), as well as for <u>descriptions</u> in the past.

Examples: **L'année dernière nous sortions tous les soirs.** (<u>tous les soirs</u>, repeatedly)
Last year we used to go out every evening.

Avant de trouver un appartement, Nathalie habitait avec ses parents. (description)
Before finding an apartment, Natalie was living with her parents.

Both **imparfait** and **passé composé** often appear in the same sentence:

Hier, quand je <u>suis arrivé</u> à la maison, mon ami <u>lisait</u> le journal.
(<u>je suis arrivé</u> = sudden action, specific time – **passé composé** of <u>arriver</u>. <u>lisait</u> = progressing action, or description – **imparfait** of <u>lire</u>.)
Yesterday, when I arrived home, my friend was reading the newspaper.

7. LE CONDITIONNEL

Le conditionnel
The conditional (I would speak, we would go, they would eat . . .)

This tense is formed by combining the future with the imperfect (the "r" of the last syllable of the future, with the endings of the imperfect).

Here are three regular verbs (one of each type: -er, -ir, -re) conjugated in the conditional:

rester	choisir	répondre
je rester-ais	je choisir-ais	je répondr-ais
tu rester-ais	tu choisir-ais	tu répondr-ais
il rester-ait	il choisir-ait	il répondr-ait
nous rester-ions	nous choisir-ions	nous répondr-ions
vous rester-ez	vous choisir-iez	vous répondr-iez
ils rester-aient	ils choisir-aient	ils répondr-aient

There are some irregular verbs: these use the same irregular stem as used for the future tense:

	le futur	le conditionnel
avoir	j'aur-ai	j'aur-ais
être	je ser-ai	je ser-ais
faire	je fer-ai	je fer-ais
aller	j'ir-ai	j'ir-ais
venir	je viendr-ai	je viendr-ais

Examples: **J'aimerais bien, mais c'est impossible.**
I would like to, but it's impossible.

Je ne pourrais pas.
I would not be able to.

Je voudrais de l'eau, s'il vous plaît.
I would like some water, please.

Est-ce que vous pourriez m'indiquer le chemin?
Could you show me the way?

Sans voiture, ce serait trop compliqué!
Without a car, it would be too complicated!

On dirait que ces gens ont faim.
It looks like these people are hungry.

8. LES PHRASES AVEC "SI"

Les phrases avec "si"
Clauses with "if"

The two most frequent types of si clauses are:

si + present	future (or present or imperative)

Si j'ai le temps, je passerai quelques jours dans les Pyrénées.
(present)   (future)
If I have the time, I will spend a few days in the Pyrenees.

Si vous voulez, je vous prête ma voiture.
(present)   (present)
If you want, I will lend you my car.

Si tu peux, viens avec nous!
(present)   (imperative)
If you can, come with us!

<u>Téléphonez</u> à mes amis, si vous <u>êtes</u> à Paris.
(imperative)   (present)
Call my friends, if you are in Paris.

si + imperfect	conditional

<u>Si vous aviez</u> une voiture, vous <u>pourriez</u> aller à Cannes.
(imperfect)   (conditional)
If you had a car, you could go to Cannes.

<u>Si Nathalie habitait</u> à Nice, ce ne <u>serait</u> pas compliqué.
(imperfect)   (conditional)
If Natalie lived in Nice, it wouldn't be complicated.

or

Je ne <u>partirais</u> pas si je n'<u>avais</u> pas d'argent.
(conditional)   (imperfect)
I would not leave if I didn't have the money.

9. LE SUBJONCTIF

Le subjonctif
The subjunctive

Here are three regular verbs (-er, -ir, -re) in the subjunctive mood:

passer	
je pass-e	nous pass-ions
tu pass-es	vous pass-iez
il pass-e	ils pass-ent

finir	
je finiss-e	nous finiss-ions
tu finiss-es	vous finiss-iez
il finiss-e	ils finiss-ent

attendre	
j' attend-e	nous attend-ions
tu attend-es	vous attend-iez
il attend-e	ils attend-ent

Irregular forms:

connaître	**je connaisse**
dire	**je dise**
lire	**je lise**
écrire	**j'écrive**
mettre	**je mette**
partir	**je parte**
sortir	**je sorte**
servir	**je serve**

Note also the irregular forms:

faire	**je fasse**
avoir	**j'aie**
être	**je sois**
aller	**j'aille**
prendre	**je prenne**
vouloir	**je veuille**

Use of the subjunctive:

1   After impersonal expressions

il faut que
il est bon que
il est possible que
il est important que

Il faut que vous <u>fassiez</u> les exercices.
It is necessary that you do the exercises.

Il faut que vous nous <u>fassiez</u> visiter votre appartement.
You've got to get us to visit your apartment.

2   After certain verbs expressing wishes or emotions

vouloir que
aimer que

Je veux que vous <u>fassiez</u> les exercices.
I want you to do the exercises.

Tu n'aimes pas que je <u>fasse</u> des exercices?
You don't like me doing the exercises?

un dîner: a dinner
dîner: to have dinner
en train de dîner: having dinner

se quitter: to leave
avant de se quitter: before leaving
avant de manger: before eating

après: after, afterwards
après avoir cherché: after looking, after having looked

on dirait: you'd say
on dirait que: it looks like

avoir faim: to be hungry
ils ont faim: they're hungry
avoir soif: to be thirsty

sur la table: on the table
des hors d'oeuvres: appetizers
le poisson: fish
la viande: meat
les légumes: vegetables

ouvrir: to open
une bouteille de champagne: a bottle of champagne
un anniversaire: a birthday
Joyeux Anniversaire!: Happy Birthday!

des félicitations: congratulations
féliciter: to congratulate

faire des progrès: to make progress
un élève: a pupil
devenir: to become (uses être in passé composé)

tout le monde: everyone
le monde: the world

un chien: a dog
un chat: a cat

retourner: to go back
être de retour: to be back

avoir le temps: to have the time
si j'ai le temps: if I have the time

passer: to pass/to spend
je passerai: I will pass/I will spend

les Pyrénées: the Pyrenees mountains
la Côte d'Azur: the French Riviera

aller voir: to go and see
j'irai voir: I will go see

le sport: sport
faire du sport: to practice sports

danser: to dance
chanter: to sing

l'année dernière: last year
on allait: we used to go
tous les soirs: every evening

vous pourriez y aller: you could go there
j'aimerais bien: I would like very much
ce serait: this would be

si vous voulez: if you want to, if you like
prêter: to lend

prudent (e): careful
mignon/mignonne: cute
impossible: impossible
compliqué: complicated
c'est gentil de votre part: it's kind of you

remercier: to thank
je vous remercie: thank you
accepter: to accept

pendant des mois: during months
enfin: finally
le 12 juillet: July 12th

s'occuper de quelque chose: to deal with/attend to something

un nouvel appartement: a new apartment
une pièce: a room; also, a coin
la salle de bains: the bathroom
une fenêtre: a window
une porte: a door

inviter: to invite
il faut que: it is necessary that
installé: settled

en attendant: meanwhile/in the meantime

un gâteau: a cake/a pastry
un gâteau d'anniversaire: a birthday cake

éteindre: to blow out/to turn off (radio, TV, etc.)
allumer: to light/to turn on (radio, TV, etc.)

une bougie: a candle
toutes les bougies: all the candles

AUTRE VOCABULAIRE

pourquoi ça?: why's that?
parce que: because

plutôt: rather
chez des amis: with some friends [at a friend's house]
ensemble: together
partout: everywhere/all over
au fait: by the way
d'abord: first of all

ce soir: this evening
ce matin: this morning
cet après-midi: this afternoon

avec plaisir: with pleasure

Attention!: Watch out!

les autres: the others

EXERCICE

RÉPONDEZ D'APRÈS LE DIALOGUE

1. Qui est en train de dîner?

2. Ont-ils faim?

3. Qu'est-ce qu'il y a sur la table?

4. Qu'est-ce qu'ils ont bu?

5. Savez-vous qui a ouvert la bouteille?

6. Aujourd'hui, est-ce votre anniversaire?

7. C'est l'anniversaire de qui?

8. Pourquoi M. Sorel félicite-t-il Paul?

9. Est-ce que Paul est devenu l'ami des Sorel?

10. Paul préfère-t-il parler du travail ou des vacances?

11. M. et Mme Sorel iront-ils en Suisse?

12. Où vont-ils aller?

13. Partiront-ils avec leur chien et leur chat?

14. Leur chien et leur chat resteront-ils chez vous?

15. Ils resteront chez des amis de M. et Mme Sorel, n'est-ce pas?

16. Et Nathalie? Que va-t-elle faire?

17. Albert ira-t-il d'abord à Lyon ou sur la Côte d'Azur?

18. Albert aime-t-il le sport?

19. Est-ce qu'il aime aussi danser?

20. Est-ce que Nathalie viendra voir Albert sur la Côte d'Azur?

21. Est-ce qu'elle aimerait y aller?

22. Pourquoi ne pourra-t-elle pas y aller?

23. Si elle avait une voiture, pourrait-elle peut-être y aller?

24. Qui veut prêter une voiture à Nathalie?

25. Est-ce que c'est gentil de la part de M. Sorel?

26. Il sait que Nathalie est prudente, n'est-ce pas?

27. Est-ce que la jeune fille accepte?

28. Quand doit-elle être de retour à Paris?

29. A-t-elle trouvé un appartement?

30. L'appartement a-t-il beaucoup de fenêtres?

31. Est-il près ou loin de la banque où travaille Nathalie?

32. Albert veut que Nathalie invite tout le monde, n'est-ce pas?

33. Qui voudrait aussi visiter l'appartement de Nathalie?

34. Paul est toujours aussi curieux, n'est-ce pas?

35. Quand Nathalie pourra-t-elle inviter ses amis?

36. Est-ce qu'on a apporté un gâteau d'anniversaire pour Albert?

37. C'est vous qui lui avez apporté ce gâteau?

38. Est-ce qu'Albert doit allumer les bougies?

39. Que doit-il faire?

40. En général, est-ce qu'on doit éteindre la télé avant de se coucher?

RÉCAPITULATION DES LEÇONS 17 À 19
RECAPITULATION OF LESSONS 17 TO 19

1. RELISEZ

Relisez à haute voix les dialogues 17 à 19
Read again dialogs 17 through 19 out loud

Dialogue 17 À QUELLE HEURE VOUS LEVEZ-VOUS?

Pierre, nous le savons, a de la famille à la campagne. Un de ses cousins, qui s'appelle Jean-Claude, vient de temps en temps à Paris. Il vient passer quelque jours de vacances chez Pierre. Les deux jeunes gens, qui ont le même âge, sortent souvent ensemble pour s'amuser dans la capitale.

Jean-Claude	Je trouve que les gens se lèvent tard, à Paris!
Pierre	Ceux qui sont en vacances – comme nous – oui. Chez toi, à la campagne, à quelle heure te lèves-tu?
Jean-Claude	Oh, beaucoup plus tôt. Là-bas, je me lève à six heures du matin. Je me lave, je me rase, je me peigne et je m'habille avant le lever du soleil!
Pierre	C'est probablement parce que tu te couches tôt.
Jean-Claude	Tu as raison. Je ne me couche jamais après dix heures du soir.
Pierre	Nous, les Parisiens, on se couche beaucoup plus tard que ça.

Jean-Claude	C'est normal. Il y a tant de choses à faire, ici. Là-bas, au contraire, il n'y a rien pour les jeunes. Moi, je lis et je regarde la télé. Chez nous, quelquefois, on joue aux cartes. Voilà, c'est tout! Alors bien sûr, je m'ennuie . . . et je me couche tôt.
Pierre	C'est pour ça que je n'aime pas la campagne. C'est trop tranquille. Ça me semble monotone.
Jean-Claude	Tu peux le dire! Mes parents se sont habitués à ce mode de vie. Ils disent qu'à la campagne, on se repose. Mais moi, je ne suis pas d'accord.
Pierre	Moi non plus! Je suis trop jeune pour me reposer. Tu sais, Jean-Claude, tu peux venir habiter chez nous quand tu veux. Mes parents t'aiment beaucoup. Notre maison est la tienne.
Jean-Claude	Merci, Pierre. Mais je préfère venir ici en vacances, pour m'amuser.
Pierre	Je te comprends! Alors, qu'est-ce qu'on va faire ce soir?
Jean-Claude	Eh bien, je viens d'acheter l'Officiel des Spectacles. Voyons s'il y a quelque chose qui nous plaît.

Dialogue 18 QUELQUES ACHATS DANS UN GRAND MAGASIN

un vendeur	On s'occupe de vous, monsieur?
un client	Je voudrais essayer des chaussures.
le vendeur	Bien, monsieur. Lesquelles?
le client	Celles qui sont à droite, là-bas, sur l'étagère.
le vendeur	Bien. Quelle est votre pointure?
le client	Quarante. Je les voudrais en marron, s'il vous plaît.
le vendeur	En marron, du quarante . . . Je ne sais pas s'il en reste. Veuillez attendre une minute. Je vais voir.

Quelques minutes plus tard, le vendeur revient les mains vides.

le vendeur	Je suis désolé, monsieur. Il ne reste plus de quarante en marron.
le client	Oh, c'est dommage! Je cherche ce genre de chaussures depuis longtemps. Et maintenant que je les trouve, il n'en reste plus!
le vendeur	Mais j'en aurai demain. Pourriez-vous repasser demain après-midi?
le client	Demain, hum . . . À quelle heure fermez-vous?
le vendeur	Nous fermons à dix-huit heures trente, monsieur.
le client	Bon, c'est entendu. Je reviendrai demain. Je dois aussi acheter des cravates. Où est-ce que je peux en trouver?

le vendeur	Il n'y en a pas à cet étage. Vous devez descendre au rez-de chaussée.Vous y trouverez tous les vêtements pour homme: cravates, chemises, chaussettes, pantalons, vestons, etc.
le client	Est-ce qu'on y vend aussi des souvenirs de Paris? Je dois en acheter pour des amis étrangers.
le vendeur	Oui, monsieur. Les souvenirs sont également au rez-de-chaussée, mais de l'autre côté du magasin.
le client	Je vois. Par où est-ce qu'on descend?
le vendeur	Par là. Il y a un escalier mécanique juste derrière vous.
le client	Merci bien. Alors à demain! N'oubliez pas de commander mes chaussures. Du quarante. En marron.
le vendeur	Je n'oublierai pas, monsieur. À demain.

Dialogue 19 UN DÎNER AVANT DE SE QUITTER

Ce soir, Paul, Albert, Nathalie, M. Sorel et Mme Sorel sont en train de dîner ensemble. On dirait qu'ils ont faim: sur la table, il y a des hors d'oeuvres, du poisson, de la viande, des légumes, de la salade . . . Et avant de manger, ils ont ouvert une bouteille de champagne, parce qu'aujourd'hui c'est l'anniversaire d'Albert.

Mme Sorel	Joyeux Anniversaire, Albert!
M. Sorel	Et félicitations aussi à Paul!
Paul	À moi? Pourquoi ça? Qu'est-ce que j'ai fait?
M. Sorel	Vous avez fait beaucoup de progrès en français, Paul! Vous avez été un très bon élève! Et vous êtes devenu un très bon ami.
Paul	Merci. Mais parlons plutôt des vacances. Alors, tout le monde part cet été?
Mme Sorel	Presque tout le monde. Mon mari et moi, nous allons au Canada . . . mais le chien et le chat resteront ici! Chez des amis.
Nathalie	Moi, je retourne à Bordeaux pour quelques jours. Et après, si j'ai le temps, je passerai quelques jours dans les Pyrénées.
Albert	Moi, j'irai voir ma famille à Lyon. Et après, je descendrai sur la Côte d'Azur avec des amis. Nous ferons du sport et nous irons danser. L'année dernière, on allait danser presque tous les soirs! Au fait, Nathalie, tu ne seras pas très loin. Viendras-tu nous voir sur la Côte d'Azur?
Nathalie	J'aimerais bien, mais c'est impossible. Ce serait trop compliqué. D'abord, je n'ai pas de voiture. Et puis, j'aurai très peu de temps.

M. Sorel	Si vous aviez une voiture, vous pourriez y aller? Si vous voulez, je vous prête la mienne. Je sais que vous êtes prudente.
Nathalie	Je vous remercie. C'est très gentil de votre part. Mais je ne peux pas accepter. J'ai seulement quelques jours de vacances. Je dois être de retour à Paris le 12 juillet, pour m'occuper de mon nouvel appartement.
Mme Sorel	Vous avez trouvé un appartement?
Nathalie	Oui. Après avoir cherché pendant des mois, j'ai enfin trouvé un appartement. Deux pièces, cuisine, salle de bains. Petit mais très mignon. Avec des fenêtres partout! Et pas loin de la banque où je travaille.
Albert	Félicitations, Nathalie! Quand est-ce que tu nous invites?
Paul	C'est vrai, Nathalie. Il faut que vous nous fassiez visiter votre nouvel appartement.
Nathalie	Mais avec plaisir! Je vous inviterai . . . quand je serai installée. En attendant, nous sommes ici pour féliciter Albert! Ah, voilà le gâteau d'anniversaire! Attention, Albert! Tu dois éteindre toutes les bougies!
Albert	Je vais essayer. Un, deux, trois . . . Ouf!
les autres (ensemble)	Bravo! Joyeux anniversaire!

EXERCICES

1 CHOISISSEZ LE MOT APPROPRIÉ

Exemple: Jean-Claude vient à Paris de temps en <u>temps</u>.
(vacances/campagne/temps)

1. Nous avons ____ quelques jours à la plage. (venus/passé/allés)

2. Pierre et Jean-Claude ont le même ____ (adresse/famille/âge)

3. Tu es arrivé tard. Moi, au contraire, je suis arrivé ____ .
(tôt/tout/toujours)

4. Je me lave dans la ____ . (magasin/salle de bains/salle à manger)

5. Nous nous ____ pour aller à l'Opéra. (couchons/ennuyons/habillons)

6. Vous n'avez pas raison: vous avez ____ ! (tort/rien/chaud)

7. Si tu as ____ , bois. (fait/soif/champagne)

8. Jean-Claude ne se couche ____ tard. (jamais/rien/personne)

9. Pierre n'a pas d'argent. C'est ____ ! (dommage/non plus/également)

10. Est-ce que tu aimes ce ____ de vie? (mode/chose/jours)

11. Mes parents se sont ____ à la campagne. (habités/habitués/arrivés)

12. Quand je suis fatigué, je me ____ . (peigne/lève/repose)

13. M. Sorel est plus ____ que Paul. (vieux/presque/aussi)

14. Quand partez-vous en ____ ? (Paris/vacances/attendant)

15. Quel journal ____ -tu? (lis/rases/restes)

16. Savez-vous ____ aux cartes? (manger/danser/jouer)

17. Je ne ____ pas très bien cette phrase. (comprends/deviens/ouvre)

18. Ce voyage me ____ un peu monotone. (cherche/semble/ferme)

19. Aimez-vous ma cravate? Est-ce qu'elle vous ____ ? (habille/plaît/lit)

20. Le client a fait quelques ____ . (achats/chose/chaussures)

21. Les chaussures sont sur une ____ . (main/étagère/rez-de chaussée)

22. Vous désirez une voiture? ____ ? (Lequel/Lesquels/Laquelle)

23. Avant de traverser, il faut regarder à droite et à ____ . (devant/gauche/sous)

24. Nous allons ____ ce vêtement avant de l'acheter. (manger/essayer/dire)

25. Vingt-deux heures, c'est dix heures ____ soir. (au/du/dans)

26. En France, quand on mange, il faut mettre les ____ sur la table. (mains/pieds/chaussures)

27. Quand on a fini de boire, la bouteille est ____ . (vide/pointure/prudente)

28. À quelle heure ce magasin ____ -t-il? (ouvre/reste/repasse)

29. Il y a de l'argent à la banque. Il y ____ a beaucoup! (en/quelques/celui)

30. Mettez-vous votre chemise avec une cravate ou ____ cravate? (pour/milieu/sans)

31. Est-ce qu'on met les chaussettes avant de mettre les chaussures, ou ____ ? (derrière/après/devant)

32. ____ où est-ce qu'on descend? (Par/Que/Qui)

33. Le vendeur va ____ un pantalon et un veston pour le client. (s'occuper/oublier/commander)

34. Vous êtes en ____ de répondre à mes questions. (loin/train/progrès)

35. On sert les ____ avant le poisson et la viande. (gâteaux/additions/hors d'oeuvres)

36. À qui a-t-on dit " ____ anniversaire"? (mauvais/joyeux/félicitations)

37. Paul est ____ l'ami de la famille Sorel. (devenu/quitté/fermé)

38. En été, tout le ____ part en vacances! (école/France/monde)

39. Albert aime-t-il faire du ____ ? (cuisine/exercices/sport)

40. Quelquefois, les questions sont difficiles et les exercices sont ____ ! (souvent/jamais/compliqués)

41. M. Sorel a voulu ____ sa voiture à Nathalie. (prêter/trouver/inviter)

42. Est-ce que la jeune fille a ____ ? (parti/devenu/accepté)

43. Elle a répondu: "C'est gentil; je vous ____ ." (dois/remercie/partout)

44. Nous avons regardé par la ____ de la cuisine. (fenêtre/télévision/bougie)

45. Nathalie va s' ____ dans son nouvel appartement. (aller/arriver/installer)

46. Albert doit ____ les bougies de son gâteau d'anniversaire. (essayer/éteindre/attendre)

47. Avez-vous ____ la radio ce matin? (allumé/visité/dansé)

48. Je téléphonerai à Nathalie ____ j'arriverai à Bordeaux. (quand/si/juste)

49. Si Paul et Jean-Claude avaient un million, ils ____ le tour du monde. (faire/feront/feraient)

50. Il faut que nous ____ cet exercice! (finirons/finissons/finissions)

2 TRANSFORMEZ LES PHRASES SELON LES EXAMPLES

Exemples: J'ai mangé. Et après, j'ai regardé la télé.

      (a) <u>Avant de regarder la télé, j'ai mangé.</u>

      (b) <u>Après avoir mangé, j'ai regardé la télé.</u>

    Vous êtes sorti de l'appartement. Et après, vous avez pris la voiture.

      (a) <u>Avant de prendre la voiture, vous êtes sorti de l'appartement.</u>

      (b) <u>Après être sorti de l'appartement, vous avez pris la voiture.</u>

1. Nous avons ouvert la bouteille. Et après, nous avons bu.

2. Tu écris ton adresse. Et après, tu envoies la lettre!

3. On a attendu dix minutes. Et après, on a téléphoné.

4. Je descendrai au rez-de-chaussée. Et après, j'achèterai quelques souvenirs.

5. Les jeunes gens se sont habillés. Et après, ils sont sortis.

3 TROUVEZ LES QUESTIONS

Find the questions

Exemple: Je suis <u>italien</u>.

      <u>De quelle nationalité êtes-vous?</u>

1. J'ai <u>dix-neuf ans</u>.

2. Aujourd'hui, <u>il fait beau</u>.

3. Ce magasin ferme à <u>vingt heures trente</u>.

4. Mon veston est <u>gris</u>.

5. Je suis en France depuis <u>une semaine</u>.

4 PUT THE VERB IN THE APPROPRIATE TENSE: PRÉSENT, FUTUR, PASSÉ COMPOSÉ, IMPARFAIT, CONDITIONNEL, OU SUBJONCTIF

Exemples: Quand j'étais jeune, j'<u>habitais</u> avec mes parents. (habiter)

    Maintenant nous <u>dînons</u> avec des amis. (dîner)

    Il est important que vous <u>passiez</u> un mois à Paris. (passer)

    Tu regardais la télévision quand je <u>suis entré</u>. (entrer)

1. Demain vous partirez pour Bordeaux, et Albert ____ pour Lyon. (partir)

2. Je ____ envoyer ce colis aujourd'hui. (devoir)

3. Hier à huit heures du soir, Paul ____ à Nathalie. (téléphoner)

4. J'ai commencé à travailler à six heures et maintenant il est huit heures: je ____ depuis deux heures. (travailler)

5. L'année prochaine, tu iras à Monaco, et nous ____ à Cannes. (aller)

6. Quand ils étaient petits, Albert et ses amis ____ toujours du sport. (faire)

7. Maintenant vous ____ le dernier exercice de ce livre. (faire)

8. L'été prochain, je serai à Toulouse. Et vous? Où ____ -vous? (être)

9. Avant je ____ toujours du vin. Maintenant je bois de l'eau. (boire)

10. Je ne prends pas de poisson. Je n'en ____ jamais! (manger)

11. Il reste de la viande et des légumes. Qui en ____ ? (vouloir)

12. Aujourd'hui, tu vas à la plage. Avant tu ____ à la campagne. (aller)

13. Si j' ____ des vacances, je voyagerai. (avoir)

14. Si vous ____ fatigués, asseyez-vous à la terrasse d'un café. (être)

15. Le patron veut que sa secrétaire ____ une lettre. (écrire)

16. L'été dernier, pour la fête du 14 juillet, nous ____ dans la rue. (danser)

17. Si Nathalie avait le temps, elle ____ sur la Côte d'Azur. (aller)

18. Je me rappelle bien! Avant de trouver un appartement, Nathalie ____ avec ses parents. (être)

19. Mardi dernier, elle ____ un appartement. (trouver)

20. Si tu habitais à Paris, tu ____ français. (parler)

21. Il est quatre heures dix. Nous ____ l'autobus depuis dix minutes. (attendre)

22. Il faut que je ____ un peu de sport. (faire)

23. J'ai mangé de la confiture. Et toi? Est-ce que tu en ____ ? (manger)

24. Quel jour ____ -ce aujourd'hui? (être)

25. Nous ____ de dîner, et maintenant nous allons prendre un café. (venir)

26. Il y a du thé. Est-ce que vous en ____ maintenant? (vouloir)

27. Aimez-vous qu'on ____ la cuisine pour vous? (faire)

28. Hier, je ____ quand j'ai fait l'exercice! (se tromper)

29. En général, est-ce que les voyageurs ____ avoir un passeport? (devoir)

30. C'est très bien! C'est formidable! Vous ____ de finir le dernier exercice! (venir)

Quand Albert a fini d'éteindre les bougies de son gâteau d'anniversaire, tout le monde lui a dit "Bravo!". Moi, c'est à <u>vous</u>, monsieur, madame ou mademoiselle, que je dis maintenant "Bravo!", et "Toutes mes félicitations!" pour avoir bien travaillé! Vous avez fini ce livre. Merci, et au revoir.

CORRECTION DES EXERCICES
(Leçon 1 à Leçon 20)
KEY TO EXERCISES

1 UN OU UNE?

1. <u>une</u> chaise
2. <u>un</u> livre
3. <u>un</u> bureau
4. <u>une</u> clé
5. <u>une</u> boîte

6. <u>une</u> conversation
7. <u>une</u> question
8. <u>un</u> monsieur
9. <u>une</u> réponse
10. <u>un</u> Français de Paris

2 C'EST OU CE N'EST PAS?

1. Oui, <u>c'est</u> Paul!
2. Non, <u>ce n'est pas</u> Sylvie!
3. Oui, <u>c'est</u> monsieur Sorel!
4. Oui, <u>c'est</u> un professeur de français!
5. Non, <u>ce n'est pas</u> madame Sorel!

3 QU'EST-CE QUE C'EST?

1. a pen: <u>un stylo</u>
2. a box: <u>une boîte</u>
3. a gentleman: <u>un monsieur</u>
4. a book: <u>un livre</u>
5. an answer: <u>une réponse</u>

LEÇON 2

1 S'IL VOUS PLAÎT, RÉPONDEZ!

1. Non, je ne suis pas de Paris.

2. Non, je ne suis pas de Genève.

3. Non, je ne suis pas français (ou française).

4. Non, je ne viens pas de Marseille.

5. Non, je ne travaille pas à Bordeaux.

6. Oui, j'étudie le français.

7. Non, je n'étudie pas le français dans une banque.

8. Je suis John Doe (par exemple) et je viens de New York (par exemple).

2 CHOISISSEZ L'ADJECTIF APPROPRIÉ

1. Mademoiselle Carmen est <u>mexicaine</u>.

2. Monsieur Giuseppe Rossi n'est pas <u>anglais</u>.

3. Est-ce que madame Schmidt est <u>allemande</u>?

4. Vous étudiez dans le livre de <u>français</u>.

5. Est-ce que le bureau de monsieur Sorel est <u>grand</u>?

6. Ce livre est <u>petit</u>.

7. La chaise de Paul aussi est <u>petite</u>.

8. Nathalie Caron n'est pas très <u>grande</u>.

LEÇON 3

RÉPONDEZ D'APRÈS LE DIALOGUE DE LA LEÇON 3

1. Elle va à Bordeaux.

2. Non, elle ne part pas dans une semaine.

3. Elle part demain.

4. Elle part à trois heures.

5. Elle a une carte d'identité.

6. Oui, elle voyage avec une valise.

7. Non, la valise de Nathalie n'est pas petite.

8. Non, je ne pars pas en voyage avec Nathalie.

9. Oui, elle a un billet d'avion.

10. Il est dans le sac.

11. Non, pour aller à l'aéroport, Nathalie ne prend pas le métro.

12. Elle prend un taxi.

13. Elle revient de Bordeaux dans une semaine.

14. Oui, il est curieux.

15. Oui, je travaille bien, avec ce livre.

LEÇON 4

1 COMPTEZ DE UN À DIX (EN FRANÇAIS, BIEN SÛR!)

un – deux – trois – quatre – cinq – six – sept – huit – neuf – dix.

2 QUELLE HEURE EST-IL?

(a) dix heures moins le quart

(b) sept heures et demie

(c) une heure moins cinq

(d) cinq heures vingt

(e) neuf heures moins vingt-cinq

3 RÉPONDEZ D'APRÈS LE DIALOGUE

1. Elle est chez elle.

2. Elle téléphone à une amie.

3. Oui, cette amie travaille dans un bureau.

4. Oui, elle a un calendrier.

5. Il est sur le bureau.

6. Non, Mme Sorel n'a pas rendez-vous avec moi.

7. Oui, elle a rendez-vous avec des amis.

8. Elle a rendez-vous vendredi soir.

9. Oui, ils sont gentils.

10. Oui, il y a une bonne pièce ce soir, à la Comédie Française.

11. Il est sur la rive gauche.

12. Ils viennent à six heures et demie.

LEÇON 5

1 COMPTEZ DE DIX À VINGT

dix – onze – douze – treize – quatorze – quinze – seize – dix-sept –
dix-huit – dix-neuf – vingt.

2 ÉCRIVEZ!

25: <u>vingt-cinq</u>   64: <u>soixante-quatre</u>

30: <u>trente</u>   70: <u>soixante-dix</u>

35: <u>trente-cinq</u>   80: <u>quatre-vingts</u>

40: <u>quarante</u>   90: <u>quatre-vingt-dix</u>

53: <u>cinquante-trois</u>   100: <u>cent</u>

60: <u>soixante</u>   122: <u>cent vingt-deux</u>

3 QUELS SONT LES SEPT JOURS DE LA SEMAINE?

Répondez! Ce sont: <u>lundi</u>

<u>mardi</u>

<u>mercredi</u>

<u>jeudi</u>

<u>vendredi</u>

<u>samedi</u>

<u>dimanche</u>

4 RÉPONDEZ D'APRÈS LE DIALOGUE

1. Oui, il est à l'heure.
2. Oui, ils ont beaucoup de travail aujourd'hui.
3. Il y a des lettres à envoyer.
4. Il y a cent vingt-cinq lettres.
5. Non, il n'envoie pas ces lettres par la poste.
6. Oui, il peut envoyer ces lettres par fax.
7. L'employé commence à taper les lettres.
8. Oui, il y a un ordinateur dans ce bureau.
9. Oui, il y a une liste des clients.
10. Non, je ne suis pas sur cette liste.

LEÇON 6 (Récapitulation)

1 CHOISISSEZ L'ARTICLE APPROPRIÉ: LE, LA, L' OU LES?

1. la conversation		21. les restaurants	
2. les banques		22. la Comédie Française	
3. l' école		23. la rive gauche	
4. le billet		24. le Quartier Latin	
5. les présentations		25. la soirée	
6. la maison		26. le travail	
7. le manteau		27. les patrons	
8. les jupes		28. l' employé	
9. l' identité		29. les lettres	
10. le métro		30. l' ordinateur	
11. les taxis		31. la liste	
12. l' heure		32. les numéros	
13. le jour		33. la chaise	
14. la nuit		34. les leçons	
15. la femme		35. le bureau	
16. l' ami		36. les secrétaires	
17. l' amie		37. le vocabulaire	
18. les amis		38. le mot	
19. les amies		39. les exercices	
20. le calendrier		40. la prononciation	

2 COMPLÉTEZ LES PHRASES

1. Nathalie ne voyage pas en train.
2. Les valises sont à l'aéroport.
3. A quelle heure partez-vous?
4. Est-ce que j'appelle un taxi?
5. Cet employé tape une lettre pour le patron.
6. Les employés ont des ordinateurs.

7. Qui <u>êtes</u>-vous?

8. Où <u>travaillez</u>-vous?

9. S'il vous plaît, <u>envoyez</u> la lettre par fax!

10. Où <u>vas</u>-tu, Paul?

11. Est-ce que tu <u>viens</u> au cinéma avec nous?

12. Le film <u>finit</u> à 23h.

13. Nous ne <u>sommes</u> pas français.

14. Je <u>peux</u> faire cet exercice!

15. Est-ce que vous pouvez <u>répondre</u> à cette question?

16. Avec ce livre, tu n'<u>étudies</u> pas l'anglais!

17. Ces garçons <u>voyagent</u> en train.

18. Nous <u>partons</u> à huit heures.

19. Tu n'<u>es</u> pas gentil, Paul!

20. Qu'est-ce que tu <u>as</u> dans cette valise?

3 CHOISISSEZ LE MOT APPROPRIÉ

1. Je ne suis pas japonais, et je ne suis pas russe <u>non plus</u>.

2. De quelle <u>nationalité</u> êtes-vous?

3. Nathalie Caron va <u>à</u> Bordeaux.

4. Ce monsieur n'a pas <u>de</u> carte d'identité.

5. Qui est <u>ce</u> petit garçon?

6. Je voyage <u>avec</u> une grande valise.

7. Mon <u>passeport</u> est dans le sac.

8. Quelle est la <u>réponse</u> à cette question?

9. Aujourd'hui, ce n'est <u>pas</u> jeudi.

10. Édouard et Robert sont très <u>gentils</u>.

11. Il est six heures <u>et</u> demie.

12. Qu'est-ce qu'il y a dans <u>la</u> boîte?

13. J'ai beaucoup <u>de</u> travail au bureau.

14. Cette école, est-ce que c'est <u>l'</u>école de Paul?

15. Au revoir! À <u>bientôt</u>!

1 RÉPONDEZ D'APRÈS LE DIALOGUE

1. Ils sont assis à la terrasse d'un café.

2. Il prend un café au lait et un croissant.

3. Elle prend un thé au citron, une tartine de pain beurré, une brioche, et de la confiture.

4. Oui, il y a un cinéma dans le quartier où ils sont.

5. Oui, Albert sait à quelle heure commence le film.

6. Il commence à quatorze heures trente.

7. Oui, le marché aux puces est intéressant.

8. Oui, il paie l'addition.

9. Il paie l'addition au garçon (ou au serveur.)

10. Ils vont au marché aux puces, tout de suite après le petit déjeuner.

2 QUELLE HEURE EST-IL?

1. Il est dix-huit heures quarante cinq, ou <u>sept heures moins le quart</u>.

2. Il est vingt-deux heures quinze, ou <u>dix heures et quart</u>.

3. Il est dix-sept heures vingt-cinq, ou <u>cinq heures vingt-cinq</u>.

4. Il est treize heures trente, ou <u>une heure et demie</u>.

5. Il est seize heures quarante cinq, ou <u>cinq heures moins le quart</u>.

3 COMPLÉTEZ AVEC L'ARTICLE PARTITIF DU OU DE LA

1. Je voudrais <u>du</u> lait.

2. Est-ce que vous avez <u>du</u> citron, s'il vous plaît?

3. Il y a <u>de la</u> confiture sur le pain.

4. Le matin, nous prenons toujours <u>du</u> thé.

5. Paul ne peut pas sortir parce qu'il a <u>du</u> travail.

4 COMPLÉTEZ LES PHRASES AVEC LE CONTRAIRE DES MOTS SOULIGNÉS

1. L'étudiant n'est pas <u>debout</u>, il est <u>assis</u>.

2. Nathalie ne prend <u>jamais</u> de café, elle prend <u>toujours</u> du thé.

3. Ce n'est pas <u>vrai</u>, c'est <u>faux</u>!

4. La pièce de théâtre <u>commence</u> à 20h et <u>finit</u> à 22h.

5. Monsieur Sorel voyage <u>peu</u>, mais il travaille <u>beaucoup</u>.

6. Le calendrier n'est pas <u>sous</u> le bureau, mais <u>sur</u> le bureau!

7. Ce café est très <u>mauvais</u>! Avez-vous du <u>bon</u> café?

8. La lettre B n'est pas <u>avant</u> la lettre A, mais <u>après</u>!

5 UTILISEZ LE PRONOM "Y"

1. Nous allons <u>à la banque</u> = <u>Nous y allons</u>.

2. Je ne vais pas <u>à l'aéroport</u> = <u>Je n'y vais pas</u>.

3. Mme Sorel prend le petit déjeuner <u>chez elle</u> = <u>Mme Sorel y prend le petit déjeuner</u>.

4. Sylvie travaille <u>au bureau</u> = <u>Sylvie y travaille</u>.

5. Paul est <u>à l'école</u> = <u>Paul y est</u>.

LEÇON 8

1 RÉPONDEZ D'APRÈS LE DIALOGUE

1. Aujourd'hui, M. Sorel est à Lyon.

2. Il a une réservation pour une nuit.

3. Il parle à la réceptionniste de l'hôtel.

4. Oui, il remplit une fiche.

5. Il a une valise.

6. Non, il ne veut pas prendre de porteur.

7. Non, elle n'est pas au rez-de-chaussée.

8. Oui, il y a un ascenseur dans cet hôtel.

9. Elle donne à M. Sorel la clé de la chambre.

10. On sert le petit déjeuner dans la salle-à-manger du rez-de-chaussée.

11. Oui, il veut donner un coup de téléphone de sa chambre.

12. Dans cet hôtel, ils servent le petit déjeuner jusqu'à dix heures.

2 COMPLÉTEZ AVEC L'ADJECTIF POSSESSIF APPROPRIÉ, SELON L'EXEMPLE

1. Tu as <u>ton</u> stylo et <u>tes</u> livres, Paul?
2. Mlle Caron a <u>son</u> thé et <u>sa</u> confiture!
3. Nous avons <u>nos</u> valises et <u>notre</u> taxi!
4. Vous avez <u>votre</u> ordinateur et <u>vos</u> lettres à taper.
5. Albert et Nathalie prennent <u>leur</u> petit déjeuner.

3 COMPLÉTEZ SELON L'EXEMPLE

1. La leçon numéro 1 est <u>la première leçon</u>.
2. La question numéro 7 est <u>la septième question</u>.
3. Le dialogue numéro 1 est <u>le premier dialogue</u>.
4. La réponse numéro 15 est <u>la quinzième réponse</u>.
5. Le billet numéro 20 est <u>le vingtième billet</u>.

LEÇON 9

1 RÉPONDEZ D'APRÈS LE DIALOGUE

1. Non, il ne veut pas de carte postale.
2. Oui, il veut des timbres.
3. Il veut envoyer deux lettres.
4. Il veut envoyer une lettre en Angleterre, et une autre aux États-Unis.
5. Oui, elle va peser les lettres.
6. Il veut envoyer son colis à Montréal.
7. Par avion, ça met une semaine.
8. Quand il y a des jours fériés, ça met plus longtemps.
9. Avant d'envoyer le colis, il faut remplir une fiche.
10. Non, il ne faut pas écrire le numéro de téléphone de l'expéditeur.
11. Il faut écrire le nom et l'adresse de l'expéditeur et du destinataire.
12. Oui, quand Paul écrit sur la petite fiche, c'est lisible.

13. Oui, il va payer quelque chose.

14. En tout, il va payer cent dix-huit francs et cinquante centimes.

15. Non, je ne sais pas si Paul a de la petite monnaie.

2 UTILISEZ LE PRONOM D'OBJET POUR LES MOTS SOULIGNÉS

1. Paul remplit <u>la fiche</u> = <u>Paul la remplit.</u>

2. Il écrit <u>le nom du destinataire</u> = <u>Il l'écrit.</u>

3. Nous mettons <u>les colis</u> à la poste = <u>Nous les mettons</u> à la poste.

4. Tu connais <u>Valérie?</u> = <u>Tu la connais?</u>

5. Je ne vois pas <u>le nom de l'expéditeur</u> = <u>Je ne le vois pas.</u>

6. Avez-vous <u>les billets de théâtre?</u> = <u>Les avez-vous?</u>

7. On ne sert pas <u>ce client!</u> = <u>On ne le sert pas.</u>

8. Maintenant, vous lisez <u>la phrase numéro 8</u> = <u>Maintenant, vous la lisez</u>

3 COMPLÉTEZ SELON L'EXEMPLE

1. Ces timbres sont pour l'Europe, et <u>ceux-là</u> sont pour les États-Unis.

2. Cette secrétaire tape très vite, et <u>celle-là</u> aussi!

3. Ce stylo n'écrit pas, mais <u>celui-là</u> écrit très bien.

4. Ces employés sont français et <u>ceux-là</u> sont allemands.

5. Ce garçon dit toujours bonjour, mais <u>celui-là</u> ne le dit jamais!

LEÇON 10

RÉPONDEZ D'APRÈS LE DIALOGUE

1. Non, il ne part pas pour le week-end.

2. Oui, il a de la famille à la campagne.

3. Oui, il aime se promener à Paris.

4. Ils regardent le ciel. (ou Oui, ils le regardent.)

5. Oui, il est bleu.

6. Oui, il y a du soleil.

7. Non, quand il pleut, Pierre n'attend pas que ça s'arrête.

8. Oui, il dit qu'il va se promener.

9. Oui, il aime la carte orange.

10. Non, avec la carte orange, on ne peut pas prendre un taxi.

11. Oui, la carte orange, c'est pour l'autobus.

12. Oui, elle est pratique.

13. Non, généralement, il ne fait pas très froid en été à Paris.

14. Non, il ne fait pas trop chaud en hiver.

15. Il fait chaud en été.

16. Non, quand il fait très chaud, Pierre ne met pas de pull.

17. Oui, je mets mon imperméable, quand il pleut.

18. Oui, Pierre a beaucoup d'amis à Paris.

19. Oui, il va les voir.

20. Ils sont dans le Quartier Latin.

21. Quand Pierre est chez ses amis, il bavarde, il regarde la télé, il écoute de la musique, ou il lit des magazines.

22. Non, quand M. Sorel a des vacances, il ne reste pas à Paris.

23. En hiver, M. Sorel va à la montagne.

24. Non, il n'y va pas en été.

25. En été, il va à la plage.

LEÇON 11

1 RÉPONDEZ D'APRÈS LE DIALOGUE

1. Elle parle à Albert.

2. Oui, il lui répond en français.

3. Oui, il a téléphoné à Catherine. (ou Oui, il lui a téléphoné.)

4. Il lui a donné ce coup de téléphone hier soir.

5. Non, elle ne va pas venir avec sa famille.

6. Catherine va venir chez Nathalie avec deux amis. (ou . . . avec deux amis à elle.)

7. En tout, ils vont être cinq.

8. Catherine et ses amis vont apporter le fromage et le dessert.

9. Pour ce pique-nique, Nathalie prépare une salade délicieuse.

10. Non, Albert ne sait pas faire la cuisine.

11. Il a acheté deux poulets rôtis.

12. Nathalie va les mettre dans le panier. (ou C'est Nathalie qui va les mettre dans le panier.)

13. Il faut encore acheter le vin et le pain.

14. On l'achète à la boulangerie.

15. Elle est juste en face de l'immeuble.

16. Oui, il y va.

17. Elle est un peu plus loin.

18. Oui, il sait où c'est.

19. Il part tout de suite.

20. Il va chercher le vin et le pain.

2 COMPLÉTEZ LES PHRASES AVEC LE PASSÉ COMPOSÉ DES VERBES

1. Hier, Paul <u>a envoyé</u> une carte postale.

2. Hier, <u>j'ai étudié</u> la leçon 10.

3. Hier, tu <u>as fini</u> l'exercice de la leçon 10.

4. Hier, vous <u>avez téléphoné</u> à vos amis.

5. Hier, les amis de Catherine <u>ont acheté</u> du fromage.

6. Est-ce que tu <u>as écouté</u> de la musique, hier soir?

7. Hier, nous <u>avons attendu</u> l'autobus un quart d'heure.

8. Non, je <u>n'ai pas regardé</u> la télévision hier soir.

3 UTILISEZ LE PRONOM D'OBJET INDIRECT

1. Nous donnons un magazine <u>au professeur</u>. = <u>Nous lui donnons un magazine</u>.

2. Tu as envoyé un colis <u>à M. et Mme Sorel</u>. = <u>Tu leur as envoyé un colis</u>.

3. Albert n'apporte pas le dessert <u>à Nathalie</u>. = <u>Albert ne lui apporte pas le dessert</u>.

4. Le garçon a servi le petit déjeuner <u>à Albert et à Nathalie</u>. = <u>Le garçon leur a servi le petit déjeuner.</u>

5. Répondez-vous tout de suite <u>au patron</u>? = <u>Lui répondez-vous tout de suite</u>?

LEÇON 12 (Récapitulation)

1 CHOISISSEZ L'ARTICLE APPROPRIÉ: LE, LA, L' OU LES?

1. <u>la</u> brioche	24. <u>la</u> fiche
2. <u>les</u> tartines	25. <u>l</u>' adresse
3. <u>la</u> confiture	26. <u>le</u> timbre
4. <u>le</u> thé	27. <u>le</u> destinataire
5. <u>les</u> films	28. <u>l</u>' expéditeur
6. <u>le</u> marché aux puces	29. <u>les</u> papiers
7. <u>la</u> réservation	30. <u>la</u> ligne
8. <u>les</u> villes	31. <u>le</u> contenu
9. <u>les</u> bagages	32. <u>la</u> valeur
10. <u>le</u> porteur	33. <u>les</u> francs français
11. <u>les</u> étages	34. <u>le</u> centime
12. <u>l</u>' ascenseur	35. <u>la</u> petite monnaie
13. <u>le</u> coup de téléphone	36. <u>le</u> temps
14. <u>les</u> chambres	37. <u>le</u> week-end
15. <u>la</u> salle à manger	38. <u>la</u> campagne
16. <u>le</u> rez-de-chaussée	39. <u>les</u> saisons
17. <u>le</u> bureau de poste	40. <u>l</u>' année
18. <u>la</u> carte postale	41. <u>le</u> soleil
19. <u>l</u>' enveloppe	42. <u>les</u> nuages
20. <u>l</u>' Amérique	43. <u>l</u>' imperméable
21. <u>les</u> États-Unis	44. <u>le</u> pull
22. <u>le</u> colis (ou <u>les</u> colis)	45. <u>le</u> parapluie
23. <u>les</u> jours fériés	46. <u>l</u>' autobus

47. l̲e̲ bus (ou l̲e̲s̲ bus) 57. l̲e̲s̲ fromages

48. l̲a̲ télévision 58. l̲e̲ dessert

49. l̲e̲s̲ magazines 59. l̲e̲ poulet rôti

50. l̲e̲s̲ vacances 60. l̲e̲ panier

51. l̲'̲ hiver 61. l̲a̲ salade

52. l̲e̲ printemps 62. l̲e̲ vin

53. l̲'̲ été 63. l̲'̲ épicerie

54. l̲'̲ automne 64. l̲a̲ charcuterie

55. l̲a̲ montagne 65. l̲'̲ immeuble

56. l̲a̲ plage

2 METTEZ LES VERBES AU PRÉSENT

1. Le garçon n̲e̲ ̲s̲e̲r̲t̲ ̲p̲a̲s̲ de champagne.

2. Quand il fait froid, je m̲e̲t̲s̲ un pull.

3. Que l̲i̲s̲e̲z̲-vous?

4. J'e̲s̲p̲è̲r̲e̲ que vous pouvez lire cette phrase!

5. Nous a̲t̲t̲e̲n̲d̲o̲n̲s̲ un taxi.

6. Paul et Robert r̲e̲m̲p̲l̲i̲s̲s̲e̲n̲t̲ des formulaires.

7. Vous p̲a̲y̲e̲z̲ le garçon?

8. Je ne c̲o̲n̲n̲a̲i̲s̲ pas ce monsieur.

9. Est-ce que vous p̲e̲s̲e̲z̲ les lettres à la poste?

10. Paul i̲n̲d̲i̲q̲u̲e̲ la valeur de son colis.

11. Qu'est-ce que vous d̲i̲t̲e̲s̲?

12. Combien ça f̲a̲i̲t̲?

13. Je v̲o̲i̲s̲ mes amis le dimanche.

14. Est-ce que vous r̲e̲s̲t̲e̲z̲ en ville ce week-end?

15. Catherine et Michel a̲r̲r̲i̲v̲e̲n̲t̲ à dix heures.

16. Qu'est-ce que tu f̲a̲i̲s̲?

17. Vous v̲e̲n̲e̲z̲ avec nous à la campagne?

18. Nous p̲r̲é̲f̲é̲r̲o̲n̲s̲ la plage!

19. On <u>passe</u> l'après-midi ensemble.

20. Nous <u>bavardons</u> pendant le petit déjeuner.

21. Tu me <u>donnes</u> ton livre?

22. Je vous <u>apporte</u> du fromage.

23. Nathalie nous <u>prépare</u> une salade délicieuse!

24. Paul leur <u>envoie</u> une carte postale.

25. Ces étudiants vous <u>téléphonent</u>-ils le dimanche?

3 CHOISISSEZ LE PRONOM APPROPRIÉ

1. J'appelle <u>le taxi</u>. = Je <u>l'</u> appelle.

2. Vous commencez <u>l'exercice</u>. = Vous <u>le</u> commencez.

3. Albert va <u>à la charcuterie</u>. = Albert <u>y</u> va.

4. Paul envoie une lettre <u>à ses amis</u>. = Paul <u>leur</u> envoie des lettres.

5. Nous n'avons pas fini <u>ce livre</u>. = Nous ne <u>l'</u>avons pas fini.

6. As-tu téléphoné <u>aux clients</u>, hier? = <u>Leur</u> as-tu téléphoné, hier?

7. Les deux poulets sont <u>dans le panier</u>. = Les deux poulets <u>y</u> sont.

8. Hier, est-ce qu'on a apporté une lettre <u>à ce monsieur</u>? = Hier, est-ce qu'on <u>lui</u> a apporté une lettre?

9. Demain, je vais dire bonjour <u>à Paul</u>. = Demain, je vais <u>lui</u> dire bonjour.

10. Demain, je vais voir <u>M. et Mme Sorel</u>. = Demain, je vais <u>les</u> voir.

4 RÉPONDEZ AU FUTUR PROCHE

1. Non, je vais parler à la secrétaire demain. (ou Non, je vais lui parler demain.)

2. Non, le garçon de café va servir le petit déjeuner demain. (ou Non, il va le servir demain.)

3. Non, je vais attendre Catherine demain. (ou Non, je vais l'attendre demain.)
Non, nous allons attendre Catherine demain. (ou Non, nous allons l'attendre demain.)

4. Non, je vais payer les timbres demain. (ou Non, je vais les payer demain.)

5. Non, ils vont répondre demain.

LEÇON 13

1 RÉPONDEZ D'APRÈS LE DIALOGUE

1. Il veut aller au musée du Louvre.

2. Il a parlé à un agent de la circulation.

3. Il est à pied.

4. Non, le Louvre ne se trouve pas loin de la place de l'Opéra.

5. Oui, il y a un jardin en face du musée.

6. Elle se trouve au milieu de l'esplanade des Tuileries.

7. Oui, il y va.

8. Oui, on vend des billets à l'entrée du musée.

2 COMPLÉTEZ LES PHRASES AVEC LE PASSÉ COMPOSÉ DES VERBES

1. Est-ce que vous <u>avez été</u> content de visiter le musée?

2. Je <u>suis resté</u> deux semaines à Paris.

3. Hier, j'<u>ai fait</u> la cuisine pour mes amis.

4. Nous <u>avons pris</u> un taxi pour visiter Paris.

5. Où <u>êtes</u>-vous <u>allé</u>?

6. Tu <u>as mis</u> ton nom sur l'enveloppe?

7. Qu'est-ce que vous <u>avez dit</u>?

8. Nous <u>sommes arrivés</u> à dix heures.

9. Le touriste <u>a lu</u> une brochure sur le Louvre.

10. Est-ce que vous <u>avez pu</u> prendre l'avion?

3 CHOISISSEZ QUI OU QUE

1. L'employé <u>qui</u> travaille dans ce bureau s'appelle Martin.

2. Où se trouve le musée <u>que</u> vous avez visité?

3. Nous savons <u>que</u> la pyramide est l'entrée du musée.

4. Je ne connais pas la réceptionniste <u>qui</u> a répondu.

5. On a pris le premier taxi <u>qui</u> est arrivé!

4 METTEZ LES VERBES À L'IMPÉRATIF

1. Vous et moi, <u>allons</u> faire une promenade!

2. S'il vous plaît, M. Sorel, <u>continuez</u> votre travail!

3. Toi et moi, <u>prenons</u> les billets!

4. Pierre et Jacques, <u>ne traversez pas</u> la rue!

5. Si vous voulez, vous et moi, <u>descendons</u> en ascenseur!

LEÇON 14

1 RÉPONDEZ D'APRÈS LE DIALOGUE

1. Non, ils ne sont pas allés chez moi.

2. Ils sont allés chez M. et Mme Sorel.

3. Elle est en train de servir du café.

4. Non, ils ne boivent pas du champagne.

5. Elle prend son café sans sucre.

6. Non, il ne boit pas de café.

7. Il préfère le thé.

8. L'oncle de M. Sorel habite à Québec.

9. Il a soixante ans.

10. La soeur de M. Sorel est mariée.

11. Elle a trois enfants.

12. Non, Nathalie n'habite pas avec Albert.

13. Elle habite avec son père, sa mère, son grand-père et sa grand-mère.

14. Elle cherche un appartement plus petit que l'appartement des Sorel.

15. Non, elle ne trouve rien dans le journal.

16. Oui, Albert va voir quelqu'un à Lyon. Il va voir ses parents.

17. Non, il ne va pas à Lyon en avion.

18. Pour aller à Lyon, Albert prend le TGV.

19. Il y va dès qu'il a des vacances.

20. Non, ils ne vont pas aussi vite que le TGV.

LEÇON 15

1 RÉPONDEZ D'APRÈS LE DIALOGUE

1. Ils sont dans une gare.

2. Oui: Le Bureau des Objets Trouvés est au fond de la gare.

3. Non, il ne cherche pas son parapluie.

4. Il cherche sa valise.

5. Oui, il a perdu cette valise.

6. Non, ce n'est pas la sienne.

7. Elle est plus petite.

8. Non, elle n'est pas de la même couleur.

9. La sienne est bleue.

10. Dans sa valise, il y a tous ses vêtements et ses articles de toilettes.

11. Non, il n'a pas laissé sa valise chez moi.

12. Non, il n'a pas donné sa valise à un ami. (ou Non, il ne l'a pas donnée à un ami.)

13. Oui, il est arrivé à la gare avec la valise.

14. Non, il n'a pas mis la valise dans le train.

15. Oui, il est entré dans le bureau de change avec la valise. (ou Oui, il y est entré avec la valise.)

16. Non, il n'a pas mis la valise sur le comptoir du bureau de change. (ou Non, il ne l'a pas mise sur le comptoir du bureau de change.)

17. Oui, dans ce bureau, le voyageur a fait la queue.

18. Oui, il a attendu pour changer de l'argent.

19. Non, il n'est pas sorti du bureau de change avec sa valise.

20. Il est allé prendre sa voiture.

21. Oui, en général, ils transportent beaucoup de bagages.

22. Oui, il a pris toutes les valises. (ou Oui, il les a toutes prises.)

23. Oui, il a pris la valise de notre ami en même temps. (ou Oui, il l'a prise en même temps.)

24. Oui, il s'est trompé.

25. Oui, il est content de retrouver sa valise. (ou Oui, il est content de la retrouver.)

26. Oui, elle a été gentille.

27. Non, on ne sait pas où elle habite.

28. Oui, il veut le savoir.

LEÇON 16 (Récapitulation)

1 CHOISISSEZ LE MOT APPROPRIÉ

1 Ce monsieur est un <u>agent</u> de la circulation.

2. Pour <u>descendre</u>, prenez l'ascenseur.

3. Il faut tourner à <u>droite</u>.

4. Le boulevard Haussmann, c'est le boulevard que nous voyons à <u>gauche</u>.

5. Continuez <u>jusqu'à</u> la place de l'Opéra.

6. Où se trouve le <u>rond-point</u> de la Comédie Française?

7. Mais non, ce n'est pas loin, c'est <u>près</u>!

8. Le Louvre est <u>à</u> trente minutes d'ici.

9. Est-ce que vous y allez <u>à pied</u> ou en voiture?

10. Y allez-vous avant la leçon, ou <u>après</u>?

11. Est-ce <u>facile</u> ou difficile?

12. La pyramide se trouve <u>au milieu</u> de l'esplanade des Tuileries.

13. Le touriste a lu une <u>brochure</u> sur le Louvre.

14. Nous allons faire une petite <u>promenade</u> à pied.

15. Nos amis sont <u>assis</u> dans le living room.

16. Mme Sorel est la <u>femme</u> de M. Sorel.

17. Elle est en train _de_ servir le café.

18. Nathalie prend son café <u>sans</u> sucre.

19. Albert n'est pas le <u>mari</u> de Nathalie.

20. Je ne bois <u>jamais</u> de thé.

21. Que <u>contient</u> cette boîte?

22. Tu n'écoutes <u>personne</u>!

23. Mon oncle <u>a</u> soixante ans.

24. Le frère de M. Sorel est <u>célibataire</u>.

25. Quel âge <u>as</u>-tu?

26. Nathalie habite dans la <u>banlieue</u> parisienne.

27. Le père de mon père est mon <u>grand-père</u>.

28. On prend l'avion à l'<u>aéroport</u>.

29. Je lis le <u>journal</u> tous le jours.

30. Nathalie cherche mais elle ne <u>trouve</u> rien.

31. Notre-Dame est en plein <u>centre</u> de Paris

32. Vite! Je suis <u>pressé</u>!

33. Albert va à Lyon <u>dès qu</u>'il a des vacances.

34. En TGV, ça va <u>plus</u> vite!

35. Mes <u>articles</u> de toilette sont dans cette valise.

36. Je ne me <u>rappelle</u> pas où j'ai mis mon passeport.

37. Le voyageur a fait la <u>queue</u> pour changer de l'argent.

38. Êtes-vous assis <u>à côté</u> de moi?

39. Il y a un <u>escalier</u> pour aller au premier étage.

40. De quelle <u>couleur</u> est votre livre?

41. Où <u>se trouve</u> le Bureau des Objets Trouvés?

42. Il faut aller au <u>comptoir</u> d'Air France.

43. Une voiture a quatre <u>roues</u>.

44. <u>Où</u> avez-vous trouvé cet objet?

45. Il a pris toutes les valises en <u>même</u> temps.

46. <u>Excusez</u>-moi, je suis désolé.

47. Il n'y a pas de <u>mal</u>.

48. Cette clé n'est pas la <u>mienne</u>!

49. J'ai <u>voulu</u> sortir.

50. Est-ce que vous <u>pourriez</u> me vendre un billet, s'il vous plaît?

51. Cette question 51 <u>finit</u> l'exercice 1.

2 COMPLÉTEZ LES PHRASES AVEC LE PASSÉ COMPOSÉ DES VERBES

1. Hier, nous <u>avons eu</u> beaucoup de travail.

2. Albert <u>est resté</u> un mois à Lyon.

3. Hier, nous <u>avons fait</u> la cuisine pour nos amis.

4. Est-ce que vous <u>avez pris</u> un taxi pour visiter Paris?

5. Où <u>es</u>-tu <u>allé</u>?

6. J'<u>ai mis</u> mon nom sur l'enveloppe.

7. Qu'est-ce que tu <u>as dit</u>?

8. Le voyageur <u>est arrivé</u> à dix heures.

9. On <u>a lu</u> une brochure sur le Louvre.

10. Est-ce que cette voyageuse <u>a pu</u> prendre l'avion?

11. Hier, je <u>suis venu</u> au bureau sans la voiture.

12. Hier matin, nous n'<u>avons</u> pas <u>vu</u> l'autobus.

13. <u>As</u>-tu <u>apporté</u> ton parapluie?

14. Je <u>suis parti</u> en vacances sans ma famille.

15. Les employés n'<u>ont</u> pas <u>dit</u> bonjour au patron.

16. Nous <u>avons acheté</u> une carte de France.

17. Est-ce que l'agent <u>a répondu</u> au touriste?

18. Je n'<u>ai</u> pas <u>pu</u> visiter tout le musée.

19. Vous n'<u>avez</u> pas <u>eu</u> le temps?

20. Albert <u>a-t</u>-il <u>voulu</u> faire la cuisine?

21. Aujourd'hui il ne pleut pas. Mais hier, est-ce qu'il <u>a plu</u>?

22. Qu'est-ce que vous <u>avez fait</u> hier soir?

23. Thomas n'<u>est</u> pas encore <u>revenu</u> de vacances.

24. <u>Êtes</u>-vous déjà <u>allé</u> au musée d'Orsay?

25. À quelle heure cet employé <u>est</u>-il <u>arrivé</u> au bureau?

26. Paul m'<u>a envoyé</u> une carte postale.

27. <u>Es</u>-tu <u>descendu</u> au rez-de-chaussée?

28. Je <u>suis resté</u> tout l'après-midi au musée au Louvre.

29. Ils <u>ont vendu</u> les billets à l'entrée.

30. Nous <u>avons choisi</u> le verbe qu'il faut!

3 CHOISISSEZ QUI OU QUE (OU QU')

1. Connaissez-vous le monsieur <u>qui</u> est sorti?

2. L'avenue <u>qui</u> est en face de nous est l'avenue des Champs-Élysées.

3. Les amis <u>qu'</u>elle attend vont arriver à quatre heures.

4. La brochure <u>que</u> nous lisons est très intéressante.

5. Avez-vous parlé au monsieur <u>qui</u> est venu ce matin?

6. Comment s'appelle le garçon <u>qui</u> a téléphoné?

7. Le musée <u>que</u> nous avons visité hier est le Louvre.

8. Tu vas reconnaître la pyramide <u>qui</u> se trouve au milieu.

9. Ils disent <u>que</u> le jardin des Tuileries est très beau.

10. Le voyageur <u>qui</u> a perdu sa valise s'appelle Dubois.

11. On sait bien <u>que</u> la pyramide est l'entrée du musée.

12. Voici la réceptionniste <u>qui</u> m'a répondu au téléphone.

13. Où se trouve le jardin <u>qu'</u>elle a visité?

14. Les voyageurs ont pris le premier autobus <u>qui</u> est arrivé!

15. Quel est le restaurant <u>que</u> tu préfères?

4 RÉPONDEZ À LA FORME NÉGATIVE

1. Non, je n'écris rien en espagnol.

2. Non, je ne vois personne devant moi.

3. Non, je n'écoute rien à la radio.

4. Non, je ne lis rien dans le journal.

5. Non, je n'appelle personne au téléphone.

5 RÉPONDEZ AVEC EN TRAIN DE + INFINITIF

1. Oui, je suis en train de regarder la télé.
2. Oui, elle est en train de boire du café.
3. Oui, je suis en train d'écouter de la musique.
4. Oui, il est en train de lire son journal.
5. Oui, je suis en train de finir cet exercice.

6 RÉPONDEZ PAR DES PHRASES COMPLÈTES

1. Oui, il va plus vite que le train.
2. Oui, en France, l'hiver est plus froid que l'automne.
3. Oui, Monaco est moins grand que Paris.
4. Oui, ils vont moins vite que le TGV.
5. Non, le jardin des Tuileries ne se trouve pas à Bordeaux.
6. Quand il fait beau, le ciel est bleu.
7. Oui, c'est le mien.
8. Non, je n'ai pas fini tous les exercices de cette leçon.
9. La leçon 16 est avant la leçon 17.
10. Non, je n'ai pas lu tout le livre.

LEÇON 17

RÉPONDEZ D'APRÈS LE DIALOGUE

1. Il s'appelle Jean-Claude.
2. Non, il n'habite pas à Paris.
3. Non, il n'est pas plus vieux que Pierre.
4. Oui, ils ont le même âge.
5. Quand Jean-Claude est à la campagne, il se lève tôt.
6. Il se lève à six heures du matin.
7. Avant le lever du soleil, Jean-Claude se lave, il se rase, il se peigne et il s'habille.
8. Non, il ne se couche jamais après dix heures du soir.
9. Oui, Pierre est parisien.

10. Oui, on peut faire beaucoup de choses le soir, à Paris.

11. Non, à la campagne, il n'y a pas beaucoup de choses pour les jeunes.

12. Il se couche tôt parce qu'il s'ennuie.

13. Non, Pierre n'aime pas la campagne.

14. Il ne l'aime pas parce que c'est trop tranquille. Ça lui semble monotone.

15. Oui, les parents de Jean-Claude se sont habitués à la campagne.

16. Ils disent qu'à la campagne, on se repose.

17. Oui, Jean-Claude peut venir habiter chez Pierre.

18. Oui, ils aiment Jean-Claude.

19. Oui, c'est leur neveu.

20. Non, Pierre et Jean-Claude ne sont pas mes cousins.

21. Non, nous ne sommes pas de la même famille.

22. Il vient d'acheter l'Officiel des Spectacles.

23. Dans ce magazine, il va regarder s'il y a quelque chose qui leur plaît.

24. Oui, ils aiment sortir ensemble.

25. Oui, ils s'amusent bien.

LEÇON 18

RÉPONDEZ D'APRÈS LE DIALOGUE

1. Oui, le vendeur s'occupe du client.

2. Non, il ne veut pas essayer un veston.

3. Il veut essayer des chaussures.

4. Oui, elles sont sur une étagère.

5. Elles se trouvent à droite.

6. Oui, la pointure huit aux États-Unis, c'est la pointure quarante en France.

7. Non, il ne reste pas de chaussures du quarante en marron.

8. Non, il n'a pas trouvé les chaussures.

9. Oui, il dit qu'il va les commander.

10. Oui, il les aura plus tard.

11. Il les aura demain.

12. Non, le client n'a pas pu essayer les chaussures. (ou Non, il n'a pas pu les essayer.)

13. Il doit revenir demain après-midi.

14. Ce magasin ferme à dix-huit heures trente.

15. Oui, il ferme à six heures et demie de l'après-midi.

16. Oui, le client doit faire d'autres achats dans ce grand magasin.

17. Il doit acheter des cravates.

18. Oui, pour cela, il doit descendre au rez-de-chaussée.

19. Oui, on y trouve également des chemises, des pantalons et des chaussettes.

20. Oui, on vend des souvenirs, de l'autre côté du magasin. (ou Oui, on y vend des souvenirs.)

21. Oui, on en vend aussi dans les aéroports.

22. Non, il ne doit pas acheter de souvenirs pour moi.

23. Il doit en acheter pour des amis étrangers.

24. Non, il n'a pas oublié ses amis.

25. Pour descendre au rez-de-chaussée du magasin, le client va prendre l'escalier mécanique.

LEÇON 19

RÉPONDEZ D'APRÈS LE DIALOGUE

1. Paul, Albert, Nathalie, M. Sorel et Mme Sorel sont en train de dîner.

2. Oui, ils ont faim.

3. Sur la table, il y a des hors d'oeuvres, du poisson, de la viande, des légumes et de la salade.

4. Ils ont bu une bouteille de champagne.

5. Non, je ne sais pas qui a ouvert la bouteille.

6. Non, aujourd'hui, ce n'est pas mon anniversaire.

7. C'est l'anniversaire d'Albert.

8. M. Sorel félicite Paul parce que Paul a fait beaucoup de progrès en français.

9. Oui, Paul est devenu l'ami des Sorel. (ou Oui, Paul est devenu leur ami.)

10. Il préfère parler des vacances.

11. Non, ils n'iront pas en Suisse.

12. Ils vont aller au Canada.

13. Non, ils ne partiront pas avec leur chien et leur chat.

14. Non, leur chien et leur chat ne resteront pas chez moi.

15. Oui, ils resteront chez des amis de M. et Mme Sorel.

16. Elle va retourner à Bordeaux pour quelques jours. Et après, si elle a le temps, elle passera quelques jours dans les Pyrénées.

17. Il ira d'abord à Lyon.

18. Oui, il aime le sport.

19. Oui, il aime aussi danser.

20. Non, elle ne viendra pas voir Albert sur la Côte d'Azur.

21. Oui, elle aimerait y aller.

22. Elle ne pourra pas y aller parce qu'elle n'a pas de voiture et qu'elle aura très peu de temps.

23. Oui, si elle avait une voiture, elle pourrait peut-être y aller.

24. M. Sorel veut prêter une voiture à Nathalie.

25. Oui, c'est gentil de la part de M. Sorel. (ou Oui, c'est gentil de sa part.)

26. Oui, il sait que Nathalie est prudente.

27. Non, elle n'accepte pas.

28. Elle doit être de retour à Paris le 12 juillet.

29. Oui, elle a trouvé un appartement.

30. Oui, il a beaucoup de fenêtres.

31. Il est près de la banque où travaille Nathalie.

32. Oui, Albert veut que Nathalie invite tout le monde.

33. Paul voudrait aussi visiter l'appartement de Nathalie. (ou C'est Paul qui voudrait aussi visiter l'appartement de Nathalie.)

34. Oui, Paul est toujours aussi curieux!

35. Elle pourra inviter ses amis quand elle sera installée. (ou Elle pourra les inviter quand elle sera installée.)

36. Oui, on a apporté un gâteau d'anniversaire pour Albert. (ou Oui, on lui a apporté un gâteau d'anniversaire.)

37. Non, ce n'est pas moi qui lui ai apporté ce gâteau.

38. Non, Albert ne doit pas allumer les bougies. (ou Non, il ne doit pas les allumer.)

39. Il doit éteindre les bougies. (ou Il doit les éteindre.)

40. Oui, en général, on doit éteindre la télé avant de se coucher.

LEÇON 20 (Récapitulation)

1 CHOISISSEZ LE MOT APPROPRIÉ

1. Nous avons passé quelques jours à la plage.

2. Pierre et Jean-Claude ont le même âge.

3. Tu es arrivé tard. Moi, au contraire, je suis arrivé tôt.

4. Je me lave dans la salle de bains.

5. Nous nous habillons pour aller à l'Opéra.

6. Vous n'avez pas raison: vous avez tort!

7. Si tu as soif, bois.

8. Jean-Claude ne se couche jamais tard.

9. Pierre n'a pas d'argent. C'est dommage!

10. Est-ce que tu aimes ce mode de vie?

11. Mes parents se sont habitués à la campagne.

12. Quand je suis fatigué, je me repose.

13. M. Sorel est plus vieux que Paul.

14. Quand partez-vous en vacances?

15. Quel journal lis-tu?

16. Savez-vous jouer aux cartes?

17. Je ne <u>comprends</u> pas très bien cette phrase.

18. Ce voyage me <u>semble</u> un peu monotone.

19. Aimez-vous ma cravate? Est-ce qu'elle vous <u>plaît</u>?

20. Le client a fait quelques <u>achats</u>.

21. Les chaussures sont sur une <u>étagère</u>.

22. Vous désirez une voiture? <u>Laquelle</u>?

23. Avant de traverser, il faut regarder à droite et à <u>gauche</u>.

24. Nous allons <u>essayer</u> ce vêtement avant de l'acheter.

25. Vingt-deux heures, c'est dix heures <u>du</u> soir.

26. En France, quand on mange, il faut mettre les <u>mains</u> sur la table.

27. Quand on a fini de boire, la bouteille est <u>vide</u>.

28. À quelle heure ce magasin <u>ouvre</u>-t-il?

29. Il y a de l'argent à la banque. Il y <u>en</u> a beaucoup!

30. Mettez-vous votre chemise avec une cravate ou <u>sans</u> cravate?

31. Est-ce qu'on met les chaussettes avant de mettre les chaussures, ou <u>après</u>?

32. <u>Par</u> où est-ce qu'on descend?

33. Le vendeur va <u>commander</u> un pantalon et un veston pour le client.

34. Vous êtes en <u>train</u> de répondre à mes questions.

35. On sert les <u>hors d'oeuvres</u> avant le poisson et la viande.

36. À qui a-t-on dit "<u>joyeux</u> anniversaire"?

37. Paul est <u>devenu</u> l'ami de la famille Sorel.

38. En été, tout le <u>monde</u> part en vacances!

39. Albert aime-t-il faire du <u>sport</u>?

40. Quelquefois, les questions sont difficiles et les exercices sont <u>compliqués</u>!

41. M. Sorel a voulu <u>prêter</u> sa voiture à Nathalie.

42. Est-ce que la jeune fille a <u>accepté</u>?

43. Elle a répondu: "C'est gentil; je vous <u>remercie</u>."

44. Nous avons regardé par la <u>fenêtre</u> de la cuisine.

45. Nathalie va s'<u>installer</u> dans son nouvel appartement.

46. Albert doit <u>éteindre</u> les bougies de son gâteau d'anniversaire.

47. Avez-vous <u>allumé</u> la radio ce matin?

48. Je téléphonerai à Nathalie <u>quand</u> j'arriverai à Bordeaux.

49. Si Paul et Jean-Claude avaient un million, ils <u>feraient</u> le tour du monde.

50. Il faut que nous <u>finissions</u> cet exercice!

2 TRANSFORMEZ LES PHRASES SELON LES EXEMPLES

1. (a) Avant de boire, nous avons ouvert la bouteille.
   (b) Après avoir ouvert la bouteille, nous avons bu.

2. (a) Avant d'envoyer la lettre, tu écris ton adresse!
   (b) Après avoir écrit ton adresse, tu envoies la lettre!

3. (a) Avant de téléphoner, on a attendu dix minutes.
   (b) Après avoir attendu dix minutes, on a téléphoné.

4. (a) Avant d'acheter quelques souvenirs, je descendrai au rez-de-chaussée.
   (b) Après être descendu au rez-de-chaussée, j'achèterai quelques souvenirs.

5. (a) Avant de sortir, les jeunes gens se sont habillés.
   (b) Après s'être habillés, les jeunes gens sont sortis.

3 TROUVEZ LES QUESTIONS

1. Quel âge avez-vous? (ou Quel âge as-tu?)

2. Quel temps fait-il aujourd'hui?

3. À quelle heure ferme ce magasin? (ou À quelle heure ce magasin ferme-t-il?)

4. De quelle couleur est votre veston? (ou De quelle couleur est ton veston?)

5. Depuis combien de temps êtes-vous en France? (ou Depuis combien de temps es-tu en France?)

4 METTEZ LE VERBE AU TEMPS QUI CONVIENT: PRÉSENT, FUTUR, PASSÉ COMPOSÉ, IMPARFAIT, CONDITIONNEL, OU SUBJONCTIF

1. Demain vous partirez pour Bordeaux, et Albert <u>partira</u> pour Lyon.

2. Je <u>dois</u> envoyer ce colis aujourd'hui.

3. Hier, à huit heures du soir, Paul <u>a téléphoné</u> à Nathalie.

4. J'ai commencé à travailler à six heures, et maintenant, il est huit heures: je <u>travaille</u> depuis deux heures.

5. L'année prochaine, tu iras à Monaco, et nous <u>irons</u> à Cannes.

6. Quand ils étaient petits, Albert et ses amis <u>faisaient</u> toujours du sport.

7. Maintenant, vous <u>faisons</u> le dernier exercice de ce livre.

8. L'été prochain, je serai à Toulouse. Et vous? Où <u>serez</u>-vous?

9. Avant, je <u>buvais</u> toujours du vin. Maintenant, je bois de l'eau.

10. Je ne prends pas de poisson. Je n'en <u>mange</u> jamais!

11. Il reste de la viande et des légumes. Qui en <u>veut</u>?

12. Aujourd'hui, tu vas à la plage. Avant, tu <u>allais</u> à la campagne.

13. Si j'<u>ai</u> des vacances, je voyagerai.

14. Si vous <u>êtes</u> fatigués, asseyez-vous à la terrasse d'un café.

15. Le patron veut que sa secrétaire <u>écrive</u> une lettre.

16. L'été dernier, pour la fête du 14 juillet, nous <u>avons dansé</u> dans la rue.

17. Si Nathalie avait le temps, elle <u>irait</u> sur la Côte d'Azur.

18. Je me rappelle bien! Avant de trouver un appartement, Nathalie <u>était</u> avec ses parents.

19. Mardi dernier, elle <u>a trouvé</u> un appartement.

20. Si tu habitais à Paris, tu <u>parlerais</u> français.

21. Il est quatre heures dix. Nous <u>attendons</u> l'autobus depuis dix minutes.

22. Il faut que je <u>fasse</u> un peu de sport.

23. J'ai mangé de la confiture. Et toi? Est-ce que tu en <u>a mangé</u>?

24. Quel jour <u>est</u>-ce aujourd'hui?

25. Nous <u>venons</u> de dîner, et maintenant nous allons prendre un café.

26. Il y a du thé. Est-ce que vous en <u>voulez</u> maintenant?

27. Aimez-vous qu'on <u>fasse</u> la cuisine pour vous?

28. Hier, je <u>me suis trompé</u> quand j'ai fait l'exercice!

29. En général, est-ce que les voyageurs <u>doivent</u> avoir un passeport?

30. C'est très bien! C'est formidable! Vous <u>venez</u> de finir le dernier exercice!

After nouns the following abbreviations have been used to indicate the gender of the word: *m* – masculine; *f* – feminine

à: to, at
À bientôt!: See you soon!
à Bordeaux: to Bordeaux/in Bordeaux
à cet étage: on this floor
à côté de: beside
à demain: see you tomorrow
à droite: right, on the right
à gauche: left, on the left
à Marseille: to Marseille/at Marseille/in Marseille
à pied: on foot
à quelle heure?: at which hour/at what time?
à tout à l'heure!: see you soon!
à trois heures: at three o'clock
accepter: to accept
achat, *m*: a purchase
acheter: to buy
addition, *f*: check (at a restaurant, a bar, etc.)
aéroport, *m*: an airport
affranchir: to stamp
âge, *m*: age
agent de la circulation, *m*: a traffic policeman
Ah bon!: Ah, OK!
allemand/allemande: German
aller: to go
aller chercher: go to look for, go to fetch
aller voir: to go and see
allez: go
Allô?: Hello? (on the phone only)
allumer: to light/to turn on (radio, TV, etc.)
alors: then
américain/américaine: American
ami, *m*: a friend (male)
amie, *f*: a friend (female)
anglais/anglaise: English
anglais, *m*: English
année, *f*: a year
année dernière: last year
anniversaire, *m*: a birthday

appeler: to call
apporter: to bring
approximatif/approximative/approximatifs/approximatives: approximate
après: after, afterwards
après avoir cherché: after looking, after having looked
argent, *m*: money
arriver: to arrive
article de toilette, *m*: a toiletry article
ascenseur, *m*: a lift
Asseyez-vous!: Sit down!
assis/assise/assis/assises: seated
as-tu parlé?: have you spoken?
attendre: to wait
Attention!: Watch out!
au contraire: on the contrary
au fait: by the way
au fond de: at the end of
au fond de la gare: at the back of the station
au milieu: in the middle
au revoir: goodbye
au rez-de-chaussée: on the first floor
aujourd'hui: today
aussi: also
autre/autre/autres/autres: other
les autres: the others
avant: before
avant de manger: before eating
avant de se quitter: before leaving
avec: with
avec plaisir: with pleasure
avec toi: with you
avenue, *f*: an avenue
avion, *m*: a plane
avoir: to have
avoir faim: to be hungry
avoir le temps: to have the time
avoir raison: to be right
avoir soif: to be thirsty
avoir tort: to be wrong

bagages: luggage
balance, *f*: scales
banlieue, *f*: suburbs, outskirts

banque, *f*: a bank
bar, *m*: a bar
beaucoup: a lot
beaucoup de: a lot of
beaucoup de livres: a lot of books
beaucoup de travail: a lot of work
beaucoup moins: much less
beaucoup plus tard que ça: very much later than that
beaucoup plus tôt: very much earlier
belge: Belgian
belle (beau/belle/beaux/belles): pretty, attractive, nice
beurre: butter
bien: good/well
bien sûr: of course/sure
bientôt: soon
billet, *m*: a ticket
billet d'avion: a plane ticket
billet de métro: a subway ticket
bleu: blue
boire: to drink
boîte, *f*: a box
bonjour: hello
Bonne idée!: good idea!
Bonne promenade!: Have a nice walk!
Bonne soirée!: Have a nice evening!
Bon voyage!: good trip/Have a good trip!
bougie, *f*: a candle
boulangerie, *f*: a baker's store
boulevard, *m*: a boulevard
bouteille, *f*: bottle
bouteille de champagne: a bottle of champagne
brioche, *f*: a brioche
brochure, *f*: a brochure
bureau, *m*: a desk
bureau de change, *m*: currency exchange bureau
bus/autobus, *m*: bus

ça: that
ça fait combien?/combien ça fait?: how much is that?
ça m'arrange: that will help me
ça me semble: it seems to me
ça nous plaît: we like that
ça s'arrête: it stops
ça va?: how is it going?/is everything all right?

ça va vite: it goes quickly/it's fast

café au lait, *m*: a coffee with milk

café noir, *m*: a black coffee

caféine, *f*: caffeine

calendrier, *m*: a calendar

campagne, *f*: the countryside

canadien/canadienne: Canadian

capitale, *f*: the capital

carte, *f*: card

carte d'identité: identity card

carte orange, *f*: the "orange card", a travel card that can be purchased in Paris

catastrophique: terrible, disastrous

ce (**cet** before vowels, *m,* or **cette,** *f*): this

ce genre de chaussures: this style of shoes

ce matin: this morning

ce n'est pas mal: it's not bad

ce serait: this would be

ce soir: this evening

c'est à vingt minutes: it's twenty minutes away

c'est ça: that's it, that's what

c'est ça qui est difficile: that's what's difficult

c'est dommage: what a pity!

c'est entendu: it's agreed

c'est gentil de votre part: it's kind of you

c'est là qu'on vend les billets: that's where they sell tickets

c'est pour ça que je n'aime pas: that's why I don't like

c'est pourquoi: that's why

c'est tout?: is that all?

c'est très facile: it's very easy

célibataire: unmarried, single

celles qui sont à droite: those on the right

celui-ci/celle-ci: this one

celui-là/celle-là: that one

cent: a hundred

centime, *m*: a centime

centre, *m*: the center

certainement: certainly

ces: these/those

cet après-midi: this afternoon

ceux: those

ceux-ci/celles-ci: these ones

ceux-là/celles-là: those ones

chaise, *f*: a chair

chambre, *f*: room
changer: to change
chanter: to sing
charcuterie, *f*: butcher's store
chat, *m*: a cat
chemin, *m*: way
chemise, *f*: shirt
chercher (regular "er" verb): to look for
chéri: dear
chez: at the home of
chez elle: at her home/at her house
chez mes parents: at my parents' house
chez moi: at my house
chez nous: at our house
chez toi: at your house
chez vous: at your house
chien, *m*: a dog
chocolat, *m*: chocolate
choisir: to choose
chose, *f*: thing
ciel, *m*: sky
cinéma, *m*: a movie house
cinquante: fifty
citron, *m*: a lemon
clé, *f*: a key
client, *m*: a client
coin, *m*: a corner
colis, *m*: a parcel
combien: how many/how much
commande, *f*: order
commander: to order
comme: like, as
comme nous: like us/ourselves
commencer: to begin/to start
comment: how
Comment allez-vous?: How are you?
compliqué: complicated
comprendre (conjugated like **prendre**): to understand
comptoir, *m*: counter
confiture, *f*: jam
conjugaison, *f*: conjugation
content/contente/contents/contentes: happy
contenu, *m*: the contents
contient: contains

continuez: continue
conversation, *f:* a conversation
côté, *m:* side
Côte d'Azur, *f:* the French Riviera
couleur, *f:* color
coup de téléphone, *m:* a telephone call
cousin, *m:* a cousin (male)
cousine, *f:* cousin (female)
cravate, *f:* tie
croissant, *m:* a croissant
cuisine: cooking
curieux: curious/nosy

d'abord: firstly/first of all/in the first place
d'accord: OK/agreed
d'ailleurs: in addition
dans: in
dans une semaine: in a week
danser: to dance
de (or d'): of/from
de l'argent: some money
de l'autre côté du magasin: on the other side of the store
de la caféine: some caffeine
de la famille: of the family
de la musique: some music
de la petite monnaie: small change
d'où: from where (contraction of **de** and **où**)
de quelle couleur: what color
de quelle nationalité . . . ?: What nationality . . . ?
de temps en temps: from time to time
déjà: already
délicieuse (délicieux/délicieuse/délicieux/délicieuses): delicious
demain: tomorrow
demain après-midi: tomorrow afternoon
demain soir: tomorrow evening
depuis: since
depuis longtemps: for a long time
derrière: behind
descendre: to go down
désirer: to want
dès que: as soon as, whenever
dessert, *m:* dessert
destinataire, *m:* addressee
devant: in front of

devenir: to become (uses **être** in **passé composé**)
devoir: to ought to, to have to
difficile: difficult
dimanche: Sunday
dîner, *m*: a dinner
dîner: to have dinner
dire: to say
dix heures du soir: ten o'clock in the evening
dix-huit: eighteen
dix-huit heures trente: half-past six
dix-neuf: nineteen
dix-sept: seventeen
donne!: give (me)!
donner: to give
douze: twelve
douze ans: 12 years (old)
droit: right

école, *f*: a school
école de langues: a language school
écouter: to listen
écrire: to write
également: also, as well
Eh bien?: So?
élève, *m*: a pupil
employé, *m*: an employee (male)
employée, *f*: employee (female)
en: some/any
en attendant: meanwhile/in the meantime
en direction de: towards
en été: in summer
en face: opposite
en hiver: in winter
en marron: in brown
en même temps: at the same time
en plein centre: right in the center
en tout: altogether
en train de dîner: having dinner
en train de servir: serving
enchanté/enchantée: pleased to meet you
encore du café: more coffee
encore un peu: a little more
enfant, *m*: a child
enfin: at last, finally

ensemble: together
ensuite: then
entendu: agreed
entrée, *f*: entrance
entrée du musée: the entrance to the museum
enveloppe, *f*: envelope
envoyer: to send
épicerie, *f*: grocery store
escalier, *m*: a staircase
escalier mécanique, *m*: an escalator
espagnol/espagnole: Spanish
esplanade, *f*: esplanade
essayer: to try
et (*eh*): and
étage, *m*: a floor, story
étagère, *f*: shelf
été: summer
éteindre: to blow out/to turn off (radio, TV, etc.)
étranger, *m* (**étrangère,** *f*): foreign
être: to be
être à l'heure: to be on time
être au téléphone: to be on the phone
être d'accord: to agree
être de retour: to be back
étudier: to study
excusez-moi: excuse me
expéditeur, *m*: the sender

facile: easy
faire des progrès: to make progress
faire du sport: to practice sports
faire la cuisine: to do the cooking
faire la queue: to stand in line
faire un pique-nique: to have a picnic
Fais vite!: Be quick!
famille, *f*: family
faux: false
fax, *m*: a fax
féliciter: to congratulate
femme, *f*: wife
fenêtre, *f*: window
fermer: to close
fiche, *f*: form
fille, *f*: daughter

film, *m*: a movie
fils, *m*: a son
formidable: great/wonderful/terrific
français/française: French (the nationality)
Français, *m*: a Frenchman
français, *m*: French (the language)
frère, *m*: a brother
fromage, *m*: cheese

gare, *f*: station
gâteau, *m*: a cake/a pastry
gâteau d'anniversaire: a birthday cake
gauche: left
généralement: generally/usually
genre, *m*: style, kind
gens, *pl.*: people
gentil: nice
grammaire, *f*: grammar
grand (or **grande**): big/large
grand magasin, *m*: a department store
grand-mère, *f*: grandmother
grand-père, *m*: grandfather
groupe, *m*: group

habiter (regular "er" verb): to live
heure, *f*: hour
hier: yesterday
hier soir: yesterday evening
hiver: winter
hôtel, *m*: a hotel

ici: here
idée, *f*: idea
il a douze ans: he's 12 years old
il fait beau: it's fine
il fait chaud: it's hot
il fait froid: it's cold
il faut: it's necessary/you need to
il faut encore acheter: we still need to buy
il faut que: it is necessary that
il n'en reste plus: there's none left
il ne reste plus de chaussures: there are no more shoes left
il n'y a pas: there isn't/there aren't
il n'y a pas de mal: there is no harm done

il n'y a rien: there is nothing
il n'y en a pas: there is none there
il pleut: it's raining
il y a: there is/there are
immeuble, *m*: a building
impératif: the imperative
imperméable, *m*: a raincoat
impossible: impossible
indiquer: to indicate
infinitif, *m*: an infinitive
installé: settled in
instant, *m*: a moment
intéressant/intéressante/intéressants/intéressantes: interesting
inviter: to invite
italien/italienne: Italian
italien, *m*: Italian

j'aurai: I will have
j'en aurai: I will have some
jamais: never
japonais/japonaise: Japanese
japonais, *m*: Japanese
jardin, *m*: a garden
je me suis trompé: I was wrong
je mets mon imperméable: I put on my raincoat
je ne suis pas d'accord: I don't agree
je suis désolé: I am sorry
je trouve que: I find that
je veux bien: Yes, thank you
je voudrais: I'd like
je vous en prie: you are welcome
je vous remercie: thank you
jeudi: Thursday
jeune: young
jeunes: young people
jeunes gens: young people
jouer (regular "er" verb): to play
jouer aux cartes: to play cards
jour, *m*: a day
jour férié, *m*: a holiday
journal, *m*: newspaper
Joyeux Anniversaire!: Happy Birthday!
jupe, *f*: skirt
jusqu'à: until, as far as

jusqu'à la place de l'Opéra: as far as the Place de l'Opera

la rue qui est en face: the street opposite
la semaine prochaine (*lah suh-menn proh-sh-ann*): next week
là: there
là-bas: over there
laisser (regular "er" verb): to leave behind/to forget
lait, *m*: milk
langue, *f*: a language
le 12 juillet: July 12th
le vôtre/la vôtre/les vôtres/les vôtres: yours
leçon, *f*: a lesson
leçon de français: a French lesson
légume: vegetable
lesquelles: which (feminine plural)
lettre, *f*: letter
lettre à envoyer: a letter to send
lever du soleil, *m*: sunrise
ligne, *f*: line
lire: to read
lisible: legible
liste, *f*: list
living-room, *m*: lounge
livre, *m*: a book
livre de français: a French book [a book of French]
loin: far
Louvre, *m*: the Louvre
lundi: Monday

M., as in **M. Sorel** (**monsieur** Sorel): Mr
ma: my (feminine singular)
madame Sorel: Mrs Sorel
mademoiselle Sorel: Miss Sorel
magasin, *m*: a store
magazine, *m*: a magazine
main, *f*: hand
maintenant: now
maison, *f*: house
mal: bad/badly
malheureusement: unfortunately
manteau: a coat/an overcoat
marché, *m*: a market
marché aux puces, *m*: flea market
mardi: Tuesday

mari, *m*: husband
marié/mariée: married
même: same
Merci bien!: Thank you very much
merci: thank you
merci bien: thanks a lot
merci d'avoir été: thank you for having been
mercredi: Wednesday
mère, *f*: mother
métro, *m*: subway
mettre: to put
mettre un pull: to put on a sweater
mienne: mine (feminine singular)
mignon/mignonne: cute
Mlle, as in Mlle Caron (mademoiselle Caron): Miss
Mme, as in Mme Sorel (madame Sorel): Mrs
mode de vie, *m*: a way of life
moi (*mwah*): me
moi non plus: neither do I
moins: less
moins le quart: a quarter to . . .
monde, *m*: the world
monnaie, *f*: change
monotone: monotonous
monsieur, *m*: a gentleman/a man/mister/sir
montagne, *f*: mountain
musée, *m*: a museum
musique, *f*: music

nationalité, *f*: a nationality
naturellement: naturally
nécessaire: necessary
n'est-ce pas?: right?
neveu, *m*: a nephew
nièce, *f*: niece
nom, *m*: name
non: no
notre: our
nous allons être cinq: there will be five of us
nouvel appartement, *m*: a new apartment
nuage, *m*: a cloud
nuit: night
numéro, *m*: number
objet, *m*: an object

objets trouvés: lost property
Oh là là!: Oh dear!
on a tout ce qu'il faut?: do we have everything we need?
on allait: we used to go
on dirait que . . .: it looks like . . .
on dirait: you'd say
on s'occupe de vous?: are you being attended to?
oncle, *m*: an uncle
onze: eleven
orange: orange
ordinateur, *m*: a computer
ou: or
où: where
oublier: to forget
oui: yes
ouvrir: to open

pain, *m*: bread
paire de chaussures, *f*: pair of shoes
panier, *m*: a basket
pantalon, *m*: a pair of pants
papier, *m*: paper
par: by/through
par avion: by air mail
par erreur: by mistake
par exemple: for example
par fax: by fax
par là: that way
par où: which way
parapluie, *m*: an umbrella
parc, *m*: a park
parce que: because
pardon: excuse me
parfait: perfect
parisien/parisienne, *m/f*: Parisian
parler: to talk
partir en voyage: to go on a trip
partir: to depart/to leave (go away)
partout: everywhere/all over
pas aussi grande: not so big
pas du tout: not at all
pas pour moi: not for me
pas si mal: not so bad
passeport, *m*: a passport

passer: to pass/to spend
passer l'après-midi: to spend the afternoon
patron, *m*: boss
payer: to pay/to pay for
pendant: during
pendant des mois: during months
perdre (regular "re" verb): to lose
père: father
personne, *f*: person
peser: to weigh
petit (or **petite**): small/little
petit déjeuner, *m*: breakfast
peut-être: perhaps
pièce, *f*: a room; also, a coin
pièce de théâtre, *f*: stage play
place, *f*: space
plage, *f*: beach
plaire (irregular): to please
plus ou moins: more or less
plus petit que: smaller than
plutôt: rather
pointure, *f*: size
poisson, *m*: fish
porte, *f*: a door
porteur, *m*: a porter
poste, *f*: post office
poulet rôti, *m*: a roast chicken
pour: for
pour femme/pour dame: for women
pour homme: for men
pour l'instant: for the moment
pourquoi?: why?
pourquoi ça?: why's that?
pourquoi pas?: why not?
pourriez-vous: could you
pourriez-vous m'indiquer: could you show me?
pouvoir: can/to be able to
pratique: practical/convenient/handy
préférer: to prefer
prendre: to take
prendre l'avion: to take the plane
prendre le métro: to take the subway
prendre le petit déjeuner: to eat breakfast
prendre un taxi: to take a cab

préparer: to prepare
près de chez nous: near our house
présentations *(preh-zahn-tah-seeohng)*: introductions
presque: almost
pressé/pressée/pressés/pressées: in a hurry
prêter: to lend
probablement: probably
professeur, *m*: a teacher
professeur de français, m: a teacher of French/a French teacher
promenade, *f*: a walk
prudent (e): careful
pull, *m*/un sweater: a sweater
pyramide, *f*: a pyramid

quand: when
quarante: forty
quartier, *m*: a neighborhood
Quartier Latin, *m*: the "Latin Quarter," in Paris
quatorze: fourteeen
quatre-vingts: eighty
quatre-vingt-dix: ninety
quel âge: what age
quel temps fait-il?: what's the weather like?
quel travail!: what a job!
quelle est votre pointure?: what size are you?
quelle heure est-il?: what time is it?
quelque chose: something
quelquefois: sometimes
quelques: some, a few
quelqu'un: someone
question, *f*: a question
qui?: who?
qu'est-ce que . . . ?: what . . . ?
quinze: fifteen

réceptionniste, *f*: receptionist
reconnaître: recognize
regardez!: look!
regarder la télé: to watch television
remercier: to thank
remplir: to fill (out)
rendez-vous, *m*: a meeting of two or more people (not necessarily a date)
repasser: to drop by again

répéter: to repeat
répondre: to answer
répondre au téléphone: to answer the phone
réponse, *f*: an answer
réservation, *f*: reservation
rester: to be left; to remain, to stay
retourner: to go back
retrouver (regular "er" verb): to find again
revenir: to come back
rez-de-chaussée, *m*: first floor
rien: nothing
rond-point, *m*: the "rond-point"
roue, *f*: wheel
rue, *f*: street
russe, *m*: Russian

sac, *m*: a bag
saison, *f*: season
salade, *f*: salad
salle à manger, *f*: dining room
salle de bains, *f*: bathroom
samedi: Saturday
sans: without
savoir: to know/to know how
s'amuser: to have fun
se coucher: to go to bed
s'ennuyer: to be bored
s'habiller: to get dressed
s'habituer: to get used to
se lever: to get up
s'occuper (regular "er" verb): to attend to
s'occuper de quelque chose: to deal with something
s'occuper de quelqu'un: to attend to someone
se peigner: to comb one's hair
se promener: to take a walk
se quitter: to leave
se raser: to shave
se reposer: to rest
se trouver: is, be situated
secrétaire, *m/f*: secretary
seize: sixteen
sembler (regular "er" verb): to seem
servir: to serve
seulement: only

s'il te plaît: please (you informal)
s'il vous plaît: please [if it pleases you]
soeur, *f*: sister
soirée, *f*: evening (an outing, reception, etc.)
soixante: sixty
soixante-dix: seventy
soleil, *m*: sun
sont allés: have gone
sont assis: are sitting
sortir: to go out
sous: under
souvenir, *m*: a souvenir
souvent: often
spécial/spéciale/spéciaux/spéciales: special
sport, *m*: sport
stylo, *m*: a pen
sucre, *m*: sugar
suisse: Swiss
sur: on
sur la rive droite: on the right bank
sur la rive gauche: on the left bank
surtout: especially
sweater, *m*: a sweater

tant de choses à faire: so many things to do
taper: to type
tartine, *f*: slice
tartine de pain beurré: a slice of buttered bread
taxi, *m*: a taxi/a cab
télé (la télévision), *f*: TV (television)
téléphone, *m*: telephone
téléphoner: to telephone/call
tenir: to hold
terrasse d'un café: café terrace
TGV (le Train à Grande Vitesse), *m*: the fastest train in France
thé, *m*: tea
thé au citron: lemon tea
thé au lait: tea with milk
théâtre, *m*: theater
timbre: a stamp
toi et moi: you and me
tôt: early
toujours: always
touriste: a tourist

tous les soirs: every evening
tout: all, everything
tout ce qu'il faut: all that we need/all that is necessary
tout de suite: right away
tout droit: straight ahead
tout le monde: everyone
train, *m*: train
train de banlieue: a commuters' train
tranquille: quiet
transporter (regular "er" verb): to carry, transport
travail, *m*: work
travailler: to work
Travaillez bien!: Work well/Keep up the good work!
traversez: cross
treize: thirteen
trente: thirty
très: very
très bien: very well/very good
très mal: very bad
troisième: third
trop: too, too much
trouver (regular "er" verb): to find
tu peux le dire: you can say that again

un de ses cousins: one of his cousins
un peu partout: all over
un peu plus loin: a little further

vacances, *pl.*: vacation
valeur, *f*: value
valise, *f*: suitcase
vendeur, *m*: a customer
vendre (regular "re" verb, conjugated like **attendre** or **répondre**): to
   sell
vendredi: Friday
venir: to come
verbe, *m*: a verb
veston, *m*: a jacket
vêtement, *m*: a garment, an item of clothing
veuillez (irregular imperative of vouloir): would you mind
veuillez attendre: would you mind waiting, please
viande, *f*: meat
vide: empty
vie, *f*: life

ville, *f*: town
vin, *m*: wine
vingt: twenty
visiter: to visit
vite: quickly
vocabulaire, *m*: the vocabulary *(luh voh-cah-bew-lair)*
voici: here is . . .
voir: to see
voiture, *f*: car
vos: your (masculine/feminine, plural)
votre: your (masculine/feminine, singular)
vous (*voo*): you
vous venez du Canada: you come from Canada
voyage, *m*: a trip/a journey
voyager: to travel
voyageur, *m*: a traveler (male)
voyageuse, *f*: traveler (female)
voyons: let's see
vrai: true
vraiment: really

week-end, *m*: weekend

y: there/here
y a-t-il . . . ? (or est-ce qu'il y a . . . ?): is there/are there . . . ?